DIÁLOGOS

Hacia una comunidad global

DIÁLOGOS
Hacia una comunidad global

Kathleen Tacelosky
William Jewell College

Ruth A. Kauffmann
Trinity International University

Denise M. Overfield
University of West Georgia

Prentice Hall
Boston   Columbus   Indianapolis   New York   San Francisco   Upper Saddle River
Amsterdam   Cape Town   Dubai   London   Madrid   Milan   Munich   Paris   Montréal   Toronto
Delhi   Mexico City   São Paulo   Sydney   Hong Kong   Seoul   Singapore   Taipei   Tokyo

Acquisitions Editor: Donna Binkowski
Sponsoring Editor: María F. García
Editorial Assistant: Gayle Unhjem
Executive Marketing Manager: Kris Ellis-Levy
Senior Marketing Manager: Denise Miller
Marketing Coordinator: William J. Bliss
Senior Media Editor: Samantha Alducin
Media Editor: Meriel Martínez
Development Editor for Assessment: Melissa Marolla Brown
Senior Managing Editor: Mary Rottino
Associate Managing Editor: Janice Stangel
Composition/Full-Service Project Management: GGS Higher Education Resources
Senior Operations Supervisor: Brian Mackey
Operations Specialist: Cathleen Petersen
Publisher: Phil Miller
Printer/Binder: Hamilton Printing
Cover Printer: Lehigh-Phoenix Color / Hagerstown

Library of Congress Cataloging-in-Publication Data

Tacelosky, Kathleen.
    Diálogos : hacia una comunidad global / by Kathleen Tacelosky, Ruth A. Kauffmann, and Denise M. Overfield.
        p. cm.
    Includes bibliographical references and index.
    ISBN-13: 978-0-205-64394-3 (alk. paper)
    ISBN-10: 0-205-64394-9 (alk. paper)
    1. Spanish language—Textbooks for foreign speakers. 2. Spanish language—Spoken Spanish. I. Kauffmann, Ruth A. II. Overfield, Denise M. III. Title.
    PC4128.T33 2010
    468.2'4—dc22

                                                                                        2009037243
                                                                        10 9 8 7 6 5 4 3 2 1

Prentice Hall
is an imprint of

www.pearsonhighered.com

ISBN 10:   0-205-64394-9
ISBN 13: 978-0-205-64394-3

Contenido

Preface

Diálogos: Hacia una comunidad global, is a one-semester intermediate-level Spanish textbook designed to give students the opportunity to learn more about the world and their place in it. Students start by connecting the theme of the chapter with their own experiences, then they are introduced to people with different experiences, and finally they are offered options for new experiences through community engagement and other forms of applied learning.

    Diálogos consists of five chapters crafted to encourage the growth of an awareness of global issues, highlighting our interconnectedness to each other in spite of distance and cultural differences. In *Diálogos*, grammar and vocabulary are presented as aids to comprehension and communication. Meaning-based activities challenge students to share, organize, and negotiate information in the context of chapter themes that require them to think critically about local and global issues.

HIGHLIGHTS OF *DIÁLOGOS*

- Chapter themes and activities challenge students to reflect on personal and global issues.
- The five Cs of the National Standards (Communication, Connection, Community, Culture, Comparison) are incorporated into each chapter.
- Process writing includes prewriting and planning, followed by drafts, peer review and revisions.
- Experiences from interviews with individuals from the Spanish-speaking world unfamiliar to most students (adoption, making ends meet, working on a banana plantation) are shared orally.
- Applied learning experiences offer students real interactions with the local Spanish-speaking community; instructors are aided by a detailed *Applied Learning Guide*.
- The Companion Website provides additional grammar support, practice exercises, and instructional aids.

PROGRAM OVERVIEW

Diálogos consists of five manageable chapters each containing five main sections: *Conexión personal, Expresión cultural, Contexto global, Reflexión,* and *Ampliando el conocimiento con experiencia.* Topics and themes move students beyond their own experiences to listening and reading about the experiences of others and to personally experience a new situation outside of their own cultural sphere and daily reality. The authors, artists, and everyday people of *Diálogos* (in *Expresión cultural* and *Contexto global*) have been expressly chosen to support the theme and objectives. In addition, grammar explanations are presented at the end of the chapter in the *Explicaciones gramaticales* section and in the Supplementary Grammar section on the Companion Website. Grammar practice exercises are also offered on the Companion Website.

Approach to Grammar

Diálogos makes a sincere effort to avoid a focus on grammar. Instead, learners are invited to consult grammar sections (intentionally situated at the end of each chapter or in the appendix) that are relevant to the communication needs they perceive. Activities require true information exchange and then challenge students to do something with the information—compare, share, organize, respond, etc. The goal is real communication with others inside (other students, instructors, and visitors) and outside (community members) the class.

Cycle of Learning

Based on the well-established idea that learning should engage students where they are and then take them to the next level, *Diálogos* first invites students to *talk* about their own experiences. Then they are asked to *read* literary and informative selections about social issues related to the topic at hand and *listen* to the experiences of other individuals. Next, students are invited to *experience* a situation outside of their own cultural sphere through service- or experiential-learning activities, and finally, to *reflect* upon their understanding of the topic through reflection papers and guided discussions. If the instructor opts not to incorporate the experiential piece, students can still reflect on the chapter themes that they are talking and reading about.

Guided Interaction Reading Process and Process Writing

A leer (pre-reading) activities serve to activate background knowledge on the reading theme and lead students in preparing to read through anticipation, guessing, and scanning for information. Strategies are introduced to guide students in reading actively. After reading, students respond to or interact with some aspect of the text, rather than simply answering comprehension questions.

A escribir (short writing) activities in each chapter culminate in *Reflexión*, where students reflect on and write about the chapter's themes. The writing process includes brainstorming, sharing ideas, planning, drafts, peer review and revisions.

Experiential Learning

Every chapter of *Diálogos* has an experiential component that offers concrete ways to get students to interact with the Spanish-speaking world through service (as detailed in the online **Applied Learning Guide**). For those who have geographic or temporal constraints, options are presented for interaction, such as a bona fide letter-writing campaign to help stop violence against women in a Latin American country or bringing Spanish-speaking visitors to class to expand on a theme.

National Standards

With an increasing emphasis on the National Standards for Foreign Language Education and the five "C's" (Communication, Connection, Community, Culture, and Comparison), more and more textbooks are being published with an emphasis on a "communicative approach." *Diálogos* focuses on communication (real information exchange) and avoids simply practicing the language (pattern drills or the "say anything" responses that are sometimes accepted in second-language classrooms). The five C's are fully integrated throughout the chapters, as students actively interact with materials presenting the culture through the experiences of a diverse variety of people.

Global Citizenship

This book will appeal to faculty, departments, colleges, and universities that value global citizenship. An increasing number of general education programs at institutions of higher learning are including personal responsibility to resolve the world's problems as part of their curricular goals. Intermediate-language (Spanish) courses often form part of the general education program and are an excellent place for students to be challenged to move towards a greater awareness of global issues. Involving students actively in the learning process contributes to the achievement of this goal and integrates the teaching of language skills with experiences and content that will encourage in students a sense of global responsibility.

A GUIDE TO *DIÁLOGOS* ICONS

Homework activities must be done before class so that students can participate to the fullest during class.

Pair activities are oral exercises done with a partner during class unless otherwise specified by the instructor.

Class activities pull together information that has been worked on individually or in pairs. These take the important pedagogical step of "doing something with the language." That is, they invite students to compare, contrast, or synthesize the information that they have worked with individually or in pairs.

Assignments are longer (suggested word counts are given in the directions) homework or writing assignments that must be "typed" on a computer and printed out according to instructor's specifications. These are distinguished from homework assignments, which are normally shorter and handwritten.

Companion Website where students will find valuable resources, including audio and Web resources.

PROGRAM COMPONENTS

The **Companion Website**, http://www.pearsonhighered.com/dialogos, is organized into chapters that correspond to those in *Diálogos*. The site features audio for listening activities, links corresponding to and supplementing activities in the chapters, as well as additional practice activities to support grammar for students who need extra practice.

MySpanishKit™ provides students with discipline-specific online resources to complement Spanish language courses while also providing instructors with access to easy-to-use but powerful course-management capability. Available tools include:

- Interactive Pronunciation Chart
- English Grammar Check Self-Tests with personalized English grammar tutorial recommendations
- Spanish Grammar Practice Activities
- Award-winning Cultural Videos with Activities
- Oral Practice Activities with Voice Recording, powered by Wimba™
- Interactive Glossary & Interactive Verb Charts
- Fully customizable gradebook
- The ability for instructors to create their own activities, quizzes, and tests

The **Instructor's Resource Manual (online)** includes Teacher Notes, sample syllabi, and other course management materials, along with an **Applied Learning Guide** to help teachers, regardless of their level of teaching experience, implement and guide their students' community-service experience.

ACKNOWLEDGMENTS

The authors are grateful to Donna Binkowski, Gayle Unhjem, Janice Stangel, María F. García, and many others at Pearson for their support of *Diálogos* and their hard work toward its success. Our gratitude also goes to Kevin Bradley and the composition team at GGS Book Services for their meticulous work.

We are grateful to all the people who have taught us by sharing their lives with us and whose cultures and viewpoints are represented in

Diálogos. Thanks also to our students at William Jewell College who served as pilot testers for several semesters. Kathleen Tacelosky would like to thank the many friends and family members who patiently supported her through this project, especially Paul Klawinski.

Finally, the attentive suggestions offered by the following reviewers made this a better book. We would like to sincerely thank and acknowledge our reviewers.

Pilar Alcalde, University of Memphis

David Alley, Georgia Southern University

Patricia Bolaños, College of St. Benedict / St. John's University

Jeffrey Bruner, West Virginia University

Denise Cloonan Cortez Andersen, Northeastern Illinois University

José M. García-Paine, Front Range Community College

Kara McBride, St. Louis University

Silvia Navia, Webster University

Michelle R. Orecchio, University of Michigan

Johana Pérez, Campbellsville University

Lilian E. Ramos, Winona State University

Monica M. Revak, Winona State University

Morgan Robison, University of Akron

David B. Roby, Pennsylvania State University

Silvia Rodríguez-Sabater, College of Charleston

Juan Rojo, Texas Christian University

Kimberley Sallee, University of Missouri–St. Louis

Wilfredo Valentín-Márquez, Millersville University of Pennsylvania

Melanie Waters, University of Illinois at Urbana–Champaign

En = In
This = este
Sobre = about
Otros = Other
Paises = Countries
Ademas = addiction
Dialogamos = we discuss
Vida -s = lives
Podemos = we can
Poder -

Nos presentamos

in this chapter

En este capítulo dialogamos sobre nuestras costumbres y vidas y las de personas en otros países. Además, exploramos la necesidad de la familia y del alojamiento y las maneras en que podemos asegurar estas necesidades básicas para todos los ciudadanos del mundo.

Enfoques

- Aprendemos cómo saludar y conocer a una persona nueva.
- Hablamos de los elementos físicos de la casa que influyen en nuestra identidad.
- Leemos el punto de vista de una niña chicana sobre su casa en el libro *La casa en Mango Street*.
- Escuchamos a una campesina mexicana que habla de su casa y su rutina diaria.
- Comparamos nuestras casas con las casas de personas con diferentes culturas y situaciones sociales.
- Participamos en la construcción de una casa y hacemos una visita a un barrio latino.

46 Semi sweet Chocolate chips = ~100 kcals
4 chocolate Kisses
1/2 cup cake

CONEXIÓN PERSONAL

Saludándonos y conociéndonos

1.1 Saludarse y presentarse. Piense en el primer contacto con una persona de la clase que no conoce.

Paso 1. Escriba las expresiones que Ud. recuerda para presentarse en español. (Por ejemplo, en inglés se puede decir: *I'm Toni; My name is Toni; Call me Toni;* etc.)

_____

_____

Paso 2. Escriba algunas posibilidades de cómo responder cuando alguien le dice su nombre.

_____

_____

Paso 3. Preséntese a dos o tres personas que no conozca, usando una de las expresiones de los **Pasos 1** y **2.**

Paso 4. Compare las listas de los **Pasos 1** y **2** con las de las otras personas de la clase. Haga cambios o adiciones, según las respuestas de sus compañeros. Después, diríjase° a una persona diferente y preséntese con una expresión nueva.

turn to

1.2 A conocerse un poco.

Paso 1. Piense en lo que quiere saber de otra persona y escriba ocho preguntas.

1. _____
2. _____
3. _____
4. _____
5. _____
6. _____
7. _____
8. _____

¡Fíjese!

G1.1 • Para repasar las palabras interrogativas, consulte la página 22.

Paso 2. Complete las siguientes oraciones con información personal o escoja la opción adecuada.

1. Mi nombre es _____.

2. Soy de _____ (ciudad, estado).

¡Fíjese!

G1.2 • Para repasar el tiempo presente, consulte la página 23.

3. Estoy en el _____ año de estudios.

4. Conozco a (muchas / pocas) _____
personas en esta universidad.

5. Estudio _____ (su carrera).

6. Tengo _____ años.

7. Somos _____ personas en mi
familia.

8. Me gusta _____ en mi tiempo libre.

Paso 3. En parejas, háganse las preguntas que prepararon en el **Paso 1**.
Anoten las respuestas.

1. _____

2. _____

3. _____

4. _____

5. _____

6. _____

7. _____

8. _____

Paso 4. Preséntele a la clase su compañera/compañero, enfocándose en
las respuestas más interesantes. Empiece así: *Ésta es Kate...* o *Les presento
a mi compañera, Kate...*

1.3 Los saludos. Piense en cómo y cuándo se saluda a otras personas
dependiendo de la situación.

Paso 1. Indique si Ud. generalmente brinda un saludo (por ejemplo:
hola, buenos días, etc.) en las siguientes situaciones.

> Sí = Siempre. / Casi siempre.   ¿? = Depende. / No sé.
>
> No = Nunca. / Casi nunca.

_____ **1.** Cuando llego a casa, saludo a los miembros de mi familia antes
de hacer cualquier otra cosa.

_____ **2.** Cuando mis profesoras entran al salón de clase, les saludo.

_____ **3.** Cuando voy de compras a una tienda pequeña, saludo al
dependiente.

_____ **4.** Cuando como en restaurante, saludo a la mesera.

_____ 5. Cuando hago una llamada telefónica, si contesta alguien que no es la persona con quien deseo hablar, saludo a la persona que contesta.

_____ 6. Si le pido ayuda a una persona desconocida en la calle, la saludo antes de pedir la información.

_____ 7. Cuando voy a una casa para una fiesta, saludo a la anfitriona al llegar.

_____ 8. Cuando tengo que ir al médico o al dentista, saludo a la gente en la sala de espera.

_____ 9. Saludo a las otras personas cuando entro al ascensor.

_____ 10. Cuando viajo, saludo a la persona que está sentada junto a mí en el avión o el autobús.

_____ 11. Cuando camino por la calle de mi ciudad o pueblo, saludo a gente desconocida.

_____ 12. Cuando me subo a un taxi, saludo al/el taxista antes de decirle adonde quiero ir.

Source: Este ejercicio se toma de Galloway, Vicki. 2001. _Giving Dimension to Mappaemundi: The Matter of Perspective in Teaching Cultures of the Hispanic World; Products and Practices in Perspective._ Thompson Learning Custom Publishing.

Paso 2. En el siguiente cuadro escriba los números de las frases donde Ud. y su pareja obtuvieron las mismas respuestas. Por ejemplo, si Ud. y su pareja contestaron que «sí» para el número 1, escriba _1_ en la columna con «Sí». Si Ud. contestó que «sí» y su pareja contestó que «no», no escriba nada.

Opiniones del comportamiento de los otros estudiantes		
Sí	No	Depende

Paso 3. Comparta con la clase una de las situaciones donde Ud. contestó que «sí» y su pareja contestó que «no», o donde uno de Uds. puso «depende».

1.4 Explorando el tema: Varias maneras de saludarse. La manera de la cual se saluda varía de cultura en cultura. A veces, se da la mano. En algunas partes se besa una, dos o hasta tres veces en la mejilla (o en el aire cerca de la mejilla). La distancia entre las personas que se saludan y las palabras que se dicen también varían. En el artículo de la página 6, la autora trata el tema de las interacciones alegres de los hispanos.

Paso 1. Empareje cada dibujo con el saludo correspondiente.

a. abrazo	**c.** apretón	**e.** apretón de manos
b. caricia	**d.** beso	**f.** inclinarse

1. _____

2. _____

3. _____

4. _____

5. _____

6. _____

Paso 2. Sin leer el artículo, ¿cuáles de los saludos del **Paso 1** piensa Ud. que va a encontrar en el artículo «La manera en que nos saludamos»?

Paso 3. Échele un vistazo al siguiente artículo para buscar los saludos que Ud. anticipó en el **Paso 2.** ¿Cuáles de los saludos encontró?

«La manera en que nos saludamos»

Tenchy Salas

jueves, 19 de febrero, 2004

1   Somos gente alegre y cariñosa. Así nos identifica la mayoría de los miembros de otras culturas cuando nos conocen. Sin embargo, nuestra efusividad puede a veces sorprender a quienes no han estado en contacto con nuestras costumbres.

La manera en que nos saludamos entre hispanos suele estar llena de contacto
5   físico. Abrazos, apretones, besos y caricias acompañados de innumerables palabras de afecto, buenos deseos y preguntas sobre el bienestar de familiares y amigos cercanos. Casi siempre todos hablamos a la vez y no escuchamos las respuestas. Es sólo cuando la emoción inicial de vernos ha pasado, que volvemos a efectuar las mismas preguntas con más calma y obtenemos la información requerida. Allí, de nuevo,
10   pueden surgir un sinfín de exclamaciones y gestos, según la noticia que nos den. En fin, somos puro sentimiento.

Sin duda, si usted es hispano, se ha identificado con la descripción anterior. También sentirá como suyas las situaciones que describiremos a continuación. El protagonista puede ser cualquiera de nosotros.

15   Cuando Ramón Restrepo llegó a la Universidad de Wisconsin, como profesor invitado para dictar cátedra° sobre leyes tributarias internacionales, su sensación de logro° intelectual era grande. Estaba ansioso por conocer a los directores y demás autoridades universitarias. El encuentro se efectuó en un impersonal salón, donde los circunspectos intelectuales le extendían la mano, mientras Restrepo se precipitaba
20   sobre cada uno de ellos ofreciéndoles su más emotivo abrazo hispano. Mientras tanto, los profesores quedaban atónitos°, con sus brazos rígidos a los lados de sus cuerpos. Después de varios meses, nuestro amigo colombiano abraza menos, pero está loco por regresar a Barranquilla, donde se abraza «sabroso» a los colegas.

La fusión de la familia hispana con la norteamericana, a través de matrimonios,
25   es una situación frecuente. El momento en que ambas culturas se encuentran suele ir acompañado de presentaciones. Peligro... ¿Qué hacer cuando la querida abuela Yaya, del lado hispano, insiste en cargar y acariciar al antiséptico bebé del otro lado familiar? ¿O cuando la tía dominicana se presenta acompañada de un Mofongo° hecho con el mayor cariño? Además, ¿quién ha dicho que se necesita invitación para participar en
30   un momento como ése? Cualquiera que sea pariente puede aparecer, brindar y ponerle sazón a la reunión, no sólo con afectuosos saludos, sino también con su música preferida. ¿Qué importa que el volumen impida conversar? Se trata de un momento de alegría. Si la pareja sale airosa° de la experiencia, será un matrimonio para toda la vida. Siempre se ha dicho que el amor todo lo puede.

35   Como broche final°, recordemos nuestros gritos de felicidad cuando encontramos un viejo amigo dentro de un restaurante donde había un civilizado silencio. Una gran alegría para nosotros y un sobresalto digestivo para los comensales° que nunca entendieron porqué los hispanos hacen tanta bulla°.

No sé usted, pero para mí, que si aquí hubieran crecido con mariachis y boleros
40   vibrarían como nosotros.

teach courses
accomplishment

astonished

a popular Caribbean dish made from plantains or yucca

comes off gracefully

And finally

other diners
so much noise

Source: www.lapalmainteractivo.com/vida/content/vida/tradicion/021904.html, accessed August 13, 2009.

Paso 4. Escriba una oración con sus propias palabras que resuma el artículo.

_____

_____

Paso 5. Elija la respuesta correcta.

1. En la primera frase, ¿qué indica la palabra *somos*?
   a. los seres humanos
   b. las mujeres
   c. los hispanos

2. ¿Qué es lo que sorprende a gente de otras culturas?
   a. la expresión intensa
   b. la alegría
   c. las palabras que utilizan

3. ¿Por qué todos hablan a la vez sin escuchar las respuestas?
   a. No les importa la información.
   b. A causa de la emoción inicial de verse.
   c. Son egoístas.

4. Cuando el profesor Restrepo llegó a Wisconsin, sus nuevos colegas…
   a. no entendieron porque quería abrazarlos.
   b. lo abrazaron.
   c. no lo aceptaron porque era de Colombia.

5. En el ejemplo final del artículo, la autora habla sobre…
   a. los hispanos que prefieren las cenas muy elegantes y civiles.
   b. el ruido de la música latina en los restaurantes finos.
   c. la expresión de gozo que se expresa entre amigos que se encuentran después de mucho tiempo.

1.5 Mi manera de saludar. En el artículo se mencionan varias maneras que emplean los hispanos al saludarse. Escriba dos a continuación. Después, indique a quién Ud. saluda así. Compare sus respuestas.

MODELO: Manera de saludarse: _caricias_

Personas que saludo así: _Saludo a mi novio y a mi gata con caricias_.

Personas que mi compañero saluda así: _Mike no saluda a nadie con caricias_.

1. Manera de saludarse: _____

   Personas que saludo así: _____

   Personas que mi compañera saluda así: _____

2. Manera de saludarse: _____

Personas que saludo así: _____

Personas que mi compañero saluda así: _____

EXPRESIÓN CULTURAL

La casa en Mango Street, Sandra Cisneros

Antes de leer

Vocabulario pertinente	
Adjetivos y palabras descriptivas	
acogedor/acogedora	*cozy*
amplio/amplia	*spacious, roomy*
apretado/apretada	*tight; narrow*
de ladrillo	*of brick*
de madera	*of wood*
estrecho/estrecha	*narrow; tight*
Sustantivos	
la cerca	*fence*
los escalones	*steps*
el jardín	*yard; garden*
el pasto	*grass*
la recámara	*bedroom*
el interior	*inside*
el exterior	*outside*

story

the grass growing without a fence

> **¡Fíjese!**
> **G1.4** • Para repasar los adjetivos, consulte la página 29.

1.6 La casa ideal. Esperanza, la protagonista del cuento° de Sandra Cisneros que va a leer, dice que su casa ideal es: «blanca, rodeada de árboles, un jardín enorme y el pasto creciendo sin cerca°». Ahora, escriba tres características de su casa ideal.

1. _____

2. _____

3. _____

¡Fíjese!

G1.4 • Para repasar los adjetivos, consulte la página 29.

👥 **1.7 Comparando casas.** La protagonista Esperanza describe el interior y exterior de su casa en Mango Street. Complete el siguiente cuadro describiendo cómo son estas cosas en la casa de sus padres o en su casa y en la casa de su compañera. Use el vocabulario pertinente de la página 8 o consulte el diccionario.

	En mi casa o la de mis padres	En la casa de mi compañera/compañero
escalones		
ventanas		
puerta (principal)		
jardín		
garaje		
patio (patiecito)		
baño		
recámara		

Mientras lee[1]

1.8 Sobre la autora. Lea la biografía de Sandra Cisneros en la página 11 y complete los siguientes datos sobre la autora.

Sandra Cisneros

Año de nacimiento: _____ País natal: _____

Ascendencia de sus padres: _____

Libros publicados: _____

Número de hermanos: _____

👥 **1.9 Para repasar la comprensión.** Mientras lee con más cuidado, seleccione la frase que mejor comunique el sentido de la lectura.

1. De niña, Sandra Cisneros se sentía sola porque…

    a. tenía seis hermanos.

    b. escribía poesía.

    c. se mudaba de México a Chicago.

_____

[1]No se olvide de consultar el vocabulario en la página 8 mientras lee.

2. Para Cisneros, el acto de escribir...

    a. la hace sentirse sola.

    b. le ayuda a expresar su identidad.

    c. es difícil.

3. Esperanza es...

    a. el personaje central del libro.

    b. la hermana de Sandra.

    c. la mejor amiga de Sandra.

4. La casa de Esperanza...

    a. tiene cuatro recámaras.

    b. es nueva.

    c. tiene un patio.

5. La casa ideal de Esperanza...

    a. tiene muchos árboles.

    b. es semejante a la casa en Mango Street.

    c. tiene una cerca.

1.10 Problemas con la casa. Esperanza no está muy contenta con su casa. Lea la lectura una vez más. Después de leer, haga una lista de las razones por las cuales esta casa en Mango Street <u>no</u> es la casa ideal de Esperanza. Utilice sus propias palabras. No copie las del texto.

1. <u>La casa es pequeña</u>   .   5. _____

2. _____   6. _____

3. _____   7. _____

4. _____   8. _____

1.11 Una comparación.

Paso 1. Escriba las características de la casa idealizada de Esperanza y la casa donde vive su familia.

La casa idealizada   **La casa en Mango Street**

_____   _____

_____   _____

_____   _____

Paso 2. ¿Por qué piensa ella que su casa no es adecuada?

_____

A leer

Sandra Cisneros

moving around

grew up

realized

Sandra Cisneros (n. 1954) nació en los Estados Unidos, pero pasó su niñez mudándose° con su familia entre Chicago y la Ciudad de México. Su padre era de México y su madre una chicana de los Estados Unidos, y por lo tanto Cisneros y sus seis hermanos crecieron° en un ambiente entre las dos culturas. Para combatir la soledad de su vida inestable ella leía, y en la escuela secundaria comenzó a escribir poesía. Su carrera literaria empezó en serio en una clase de escritura creativa en la universidad en 1974, cuando se dio cuenta° de que tenía que escribir sobre sus experiencias personales. Por medio de su escritura, Cisneros expresa la experiencia de ser chicana en una sociedad que a veces no la comprende. Cisneros

Sandra Cisneros, la autora

continúa escribiendo y ahora tiene un público dedicado a su escritura. Sus publicaciones incluyen poesía (*Loose Women, 1994*), libros infantiles (*Hairs/Pelitos*), colecciones de cuentos (*El arroyo de la llorona, 1991*) y novelas (*Caramelo, 2002*).

La casa en Mango Street, publicado en 1984, es el primer libro de Cisneros y ganó premios literarios. Se ha incluido en clases de literatura, cultura y sociología en muchas universidades. La protagonista Esperanza es una adolescente chicana que vive en un barrio latino de Chicago. En el primer capítulo del libro, Esperanza describe la casa en que vive su familia. Ella compara su casa con una casa ideal, «blanca, rodeada de árboles, un jardín enorme y el pasto creciendo sin cerca». Pero en realidad, la casa de Esperanza no es así. Ella nos describe cómo es la casa en Mango Street.

Portada del libro
La casa en Mango Street

La casa en Mango Street

are crumbling
swollen
elm trees
sidewalk
appears, seems
corridor, hallway
share

1   Es pequeña y roja, con escalones apretados al frente y unas ventanitas tan chicas que parecen guardar su respiración. Los ladrillos se hacen pedazos° en algunas partes y la puerta del frente se ha hinchado° tanto que uno tiene que empujar fuerte para entrar. No hay jardín al frente sino cuatro olmos° chiquititos que la

5   ciudad plantó en la banqueta°. Afuera, atrás hay un garaje chiquito para el carro que no tenemos todavía, y un patiecito que luce° todavía más chiquito entre los edificios de los lados. Nuestra casa tiene escaleras pero son ordinarias, de pasillo° y tiene solamente un baño. Todos compartimos° recámaras, Mamá y Papá, Carlos y Kiki, yo y Nenny.

Después de leer

1.12 El concepto de la casa.

👥 **Paso 1.** En parejas, piensen en cuatro conceptos que la casa representa o simboliza para Ud.

MODELO: <u>La casa representa seguridad</u>.

1. _____
2. _____
3. _____
4. _____

👥 **Paso 2.** Piensen en lo que leyeron, ¿qué representa la casa para Esperanza?

1. _____
2. _____
3. _____

📖 **1.13 Mi casa.** Escriba dos parráfos. En el primero describa la casa de su familia. En el segundo, compare su casa con la casa de Esperanza y responda a la siguiente pregunta: ¿Su casa es más parecida a la casa en Mango Street o a la casa idealizada de Esperanza?

CONTEXTO GLOBAL

Cómo vivimos (México)

Rosa Ramírez Flores —mujer soltera mexicana— habla de su casa y su rutina diaria en Amatlán, Morelos, México.

Nos presentamos

Datos personales:

Nombre: Rosa Ramírez Flores

Edad: 70 años

Estado civil: soltera

Morelos

Amatlán, la ciudad donde vive Rosa, se encuentra en el estado de Morelos.

Antes de escuchar

El metate (*grinding stone*)

Preparando tortillas

Vocabulario pertinente

Adjetivos

ligero	*light*
suaves	*smooth*

Sustantivos

el adobe	*mud brick construction*
la calabaza	*squash*
los granos de maíz	*grains of corn*
la leña	*firewood*
la masa	*dough*
las oraciones	*prayers*
los quehaceres	*chores*
la soltera	*single woman*
el terreno	*land, property*
las visitas	*visitors*

Verbos

construir	*to build*
cosechar	*to harvest*
descansar	*to rest*
desgranar	*to remove corn from the cob; to thresh*
hervir	*to boil*
moler	*to grind*
platicar	*to talk*
terminar	*to finish*

1.14 Anticipando la rutina de Rosa. Ponga un círculo en la actividad o el artículo en cada categoría que <u>no</u> forma parte de la misma.

1. Se hace dentro de la casa: desgranar y moler maíz; cosechar; hervir agua; hacer los quehaceres

2. Actividades que no se consideran trabajo: construir una casa; platicar con las visitas; hacer las oraciones; descansar

3. Comida: calabaza; masa; terreno

4. Artículos de la casa: metate; soltera; leña

A escuchar

1.15 La rutina diaria de Rosa Ramírez Flores. Escuche y sólo trate de captar la esencia de la información.

1.16 La rutina de Rosa. Mientras escucha por segunda vez, enumere las siguientes actividades según el día de Rosa.

<table>
<tr><td>____ Almuerza</td><td>____ Regresa a casa</td></tr>
<tr><td>____ Cena</td><td>____ Se acuesta</td></tr>
<tr><td>____ Desayuna</td><td>____ Se levanta</td></tr>
<tr><td>____ Descansa</td><td>____ Trabaja en su terreno</td></tr>
<tr><td>____ Hace los quehaceres de la casa</td><td>____ Vuelve al terreno</td></tr>
<tr><td>____ Hace sus oraciones</td><td></td></tr>
</table>

¡Fíjese!

G1.3 • Para repasar los verbos reflexivos, consulte la página 26.

1.17 Comparando la rutina de Rosa con su rutina.

Paso 1. Para cada número con A (1A, 2A, 3A, etc.) complete el espacio en blanco con la palabra correcta (o elija la respuesta correcta) según la información de Rosa.

Paso 2. Para cada número con B (1B, 2B, 3B, etc.) complete la frase con información personal.

1A. Rosa _____ se despierta a las 6:00 de la mañana.

    a. normalmente   **b.** entre semana   **c.** siempre   **d.** nunca

1B. _____ me despierto a las 6:00 de la mañana.

2A. Rosa desayuna café y _____.

    a. cereal   **b.** pan   **c.** calabaza   **d.** tortillas

2B. Desayuno _____.

3A. Rosa hace los siguientes quehaceres: _____.

    a. limpia el piso   **c.** muele el maíz con el metate
    b. lava la ropa   **d.** platica con amigos

3B. Los quehaceres de la casa que yo tengo que hacer son:

_____, _____ y

_____.

4A. Después de almorzar, Rosa _____.

    a. vuelve al trabajo   **c.** duerme un rato
    b. limpia la casa   **d.** platica con sus vecinos

4B. Después de almorzar, yo normalmente _____.

5A. Antes de dormir, Rosa _____.

    a. recibe visitas   **c.** se ducha
    b. hace sus oraciones   **d.** termina sus quehaceres

5B. Antes de dormir, yo _____.

Después de escuchar

👥 **1.18 Comparando rutinas.** Compare sus respuestas del ejercicio anterior con una compañera/un compañero.

1.19 ¿Todos tenemos la misma rutina?

🏠 **Paso 1.** Piense en un lunes típico para Ud. ¿Cuáles de las siguientes actividades son parte de su rutina? Ponga una X en la columna si es algo que Ud. hace todos los lunes.

	yo
1. Me despierto antes de las 7:00.	
2. Me levanto inmediatamente.	
3. Desayuno.	
4. Me afeito.	
5. Me maquillo.	
6. Me visto con ropa informal.	
7. Me pongo los zapatos de tenis.	
8. Tengo clases por la mañana.	
9. Ceno con mis padres.	
10. Me ducho por la noche.	
11. Me acuesto antes de las doce (la medianoche).	
12. Leo en la cama hasta dormirme.	

¡Fíjese!

G1.3 • Para repasar los verbos reflexivos, consulte la página 26.

🏠 **Paso 2.** En la siguiente clase, Ud. le va a preguntar a otra persona sobre su rutina diaria para después compararla con el resto de la clase. Cambie las frases del **Paso 1** a preguntas (usando la forma **tú** del verbo como en el número uno). Para el número 13, escriba una pregunta original.

Las preguntas   **Respuesta de la pareja**

1. *¿Te despiertas antes de las 7:00?* _____

2. _____   _____

3. _____   _____

4. _____   _____

5. _____   _____

6. _____   _____

7. _____   _____

8. _____   _____

9. _____   _____

10. _____   _____

11. _____   _____

12. _____   _____

13. _____   _____

Paso 3. Pregúntele a una compañera/un compañero de clase las preguntas del **Paso 2** y anote las respuestas.

Paso 4. Una persona de la clase anota las respuestas de «sí» y las de «no» para poder concluir si hay tal cosa como una rutina típica.

REFLEXIÓN

La vida familiar: Cómo mi hogar influye en quien soy. ¿Qué dice su casa sobre Ud. y su familia? Ud. va a escribir una composición en la cual considera qué dice su casa de Ud., su familia, su estatus socioeconómico, sus prioridades, etc. ¿Tiene cada persona su propia recámara? ¿su propio televisor?

Antes de escribir

Vocabulario pertinente

Expresiones

abierto/abierta	*open*
por dentro	*in the house*
por fuera	*outside the house*

1.20 El lugar donde vivimos.

Paso 1. Piense en la casa, el apartamento, el condominio, etc. donde Ud. y su familia vive. (Si Ud. vive en una residencia estudiantil o con amigos ahora, piense en su familia durante su niñez.) Escriba aproximadamente diez palabras que Ud. asocia con ese lugar. Pueden ser emociones, personas, muebles, colores, olores, etc.

Paso 2. Ahora, todos en la clase van a compartir sus respuestas y alguien va a escribirlas en la pizarra. Después, escriba otras cosas en las que Ud. ha pensado mientras escuchaba a sus compañeros.

Paso 3. Conteste las siguientes preguntas y comparta las respuestas con otra persona de la clase.

1. ¿Uds. (o sus padres) compraron la casa o la alquilan?

2. ¿Quiénes viven en la casa?

_____

3. ¿Cada persona tiene su propia recámara o comparten?

_____

4. ¿Cuántos cuartos de baño tiene?

_____

5. ¿Quién hace los quehaceres domésticos?

_____

6. ¿Cuáles son los cuartos más usados? ¿Hay cuartos que se usan muy poco?

_____

7. ¿Qué se hace en caso de haber visitas en la casa? ¿Se usan cuartos diferentes? ¿Hay recámara especial para las visitas que pasan la noche?

_____

8. ¿Cuál es la primera impresión de la casa (por fuera y por dentro)?

_____

1.21 Unos apuntes más. Para esta composición, su público es su profesora/profesor y sus compañeros de clase. Piense en tres aspectos de la casa que indican algo sobre la vida de las personas que viven allí. Escriba cada uno de los factores y tome apuntes.

MODELO: _La casa es grande_ .

Apuntes: _Cada persona tiene su propia recámara; mi papá tiene su_

oficina en la casa; mi abuela vive con nosotros .

1. _____.

Apuntes: _____

2. _____.

Apuntes: _____

3. _____.

Apuntes: _____

A escribir

1.22 El bosquejo de mis ideas. Hay varias maneras de escribir un bosquejo. Consulte el **Apéndice B** en la página 154 para ver un modelo, además siga los siguientes pasos. El propósito de esta composición es que el lector lo conozca a través de este "vistazo" a su casa.

Paso 1. Introducción y tesis: Una declaración de su tesis y una introducción llamativa. (Una posible introducción: *Desde el momento de entrar a nuestra casa, las visitas se sienten a gusto.*)

Descripción y explicación: Una presentación de las características de la casa y/o de la familia y una explicación de las mismas. Use las ideas de las actividades anteriores para organizar estos párrafos.

Conclusión: Un resumen de las ideas de la composición.

Paso 2. Después de escribir el bosquejo, piense en lo siguiente:

Título provisional: _____

Tesis (una frase que expresa la idea central de toda la composición):

_____

Incluya el título y la tesis en su bosquejo.

👥 **Paso 3. Revisión.** Intercambie el borrador con una compañera/un compañero de clase. Ayúdense con el contenido primero y la gramática después.

Paso 4. Versión final. Cuando el profesor/la profesora haya examinado el borrador y le diga que está bien, escriba una versión final del bosquejo.

1.23 La composición. Escriba una composición usando el bosquejo. Antes de escribir, lea el **Apéndice A** en la página 153 para repasar cómo escribir las composiciónes y consulte el **Apéndice C**, página 155 para ver un ejemplo.

Después de escribir

Repase su trabajo final. Utilice esta lista para evitar errores comunes:

spell checker

- Pase el corrector ortográfico°
- Examine los sustantivos: ¿Todas las palabras que lo modifican tienen el mismo género (femenino, masculino) y número (plural, singular)?

agree
tense

- Examine los verbos: ¿Concuerdan° con los sujetos? ¿Ha usado el tiempo° que expresa lo que quiere decir?

heading

- Revise los acentos, los márgenes, el título, el encabezamiento° y otros detalles que el profesor/la profesora le haya pedido.

AMPLIANDO EL CONOCIMIENTO CON EXPERIENCIA

Servicio: Aprender sirviendo en programas comunitarios

En este capítulo hemos estado hablando y pensando en las relaciones interpersonales. ¿Cómo se puede mejorar la calidad de vida de otra persona sirviendo a alguien desconocido?

Opción 1: El proyecto de Hábitat para la Humanidad

Hábitat para la Humanidad es una organización mundial que ayuda en la construcción de viviendas para personas necesitadas. Como clase participen en la construcción de una casa con Hábitiat para la Humanidad.

Opción 2: Organizaciones locales en su comunidad

Si Hábitat no tiene presencia en su comunidad, trabaje como voluntario/voluntaria con una organización que apoye a personas que no tienen casas permanentes (Busque en el Internet: *transitional housing + your city name*).

Voluntarios construyendo un edificio.

1.24 El proyecto de Hábitat para la Humanidad.

Paso 1. Decidan como clase si hay un proyecto de Hábitat o una organización similar a la que su clase puede contribuir un día o varios días de su trabajo manual. Entrevístense con la familia beneficiada para saber un poco más de ellos y lo que ellos esperan para el futuro.

Paso 2. Escriba una reflexión de una página.

Paso 3. Después de la experiencia, discuta cómo este proyecto ha sido beneficioso para Ud. como voluntaria/voluntario y compártalo con la clase.

Aplicación: Una visita a un barrio latino

En las secciones previas hemos hablado de nuestras casas y rutinas y hemos comparado nuestras experiencias con las de los compañeros de clase y personas como Esperanza —del cuento de Sandra Cisneros— y Rosa —la mujer agricultora de México. Ahora, tenemos la oportunidad de conocer un lugar en nuestra comunidad que para algunos será diferente y nuevo —el barrio latino.

Preparándose para la experiencia

Su profesora/profesor le va a dar información sobre el barrio latino que van a visitar. Después de recibir la información, organícense en grupos para efectuar la visita.

1.25 Durante la visita.

Paso 1. En otra hoja apunte los tipos de negocios del "barrio" y sus nombres. Entre a uno de los negocios para ver los productos y hablar con los dueños. Durante la conversación anote los productos que se venden y otros detalles de interés personal.

Paso 2. Camine por una o dos calles residenciales. Anote las características de las casas (el tamaño, el color, la ornamentación, la condición, los jardines, etc.).

Paso 3. Apunte información sobre la gente que ve. ¿La gente es joven o mayor? ¿Hablan inglés o español? Hable con por lo menos dos personas que viven en el barrio y anote la información que reciba.

_____

Paso 4. Otros lugares de interés. ¿Hay parques, murales, estatuas u otros edificios públicos como bibliotecas o centros de comunidad? Apunte lo que observe. _____

_____

1.26 Después de la visita.

Responder. Repase sus apuntes sobre su visita al barrio latino. Escriba un resumen que incluya las descripciones de los negocios, las casas y otros edificios y lugares públicos, la gente y las conversaciones que sostuvieron. También, incluya las semejanzas y las diferencias entre el barrio latino y el barrio donde vive Ud. El resumen debe tener entre 100 a 150 palabras.

EXPLICACIONES GRAMATICALES

G1.1 Cómo formar preguntas (*How to form questions*)

Las palabras interrogativas: Formas

¿A dónde?	*Where?/To where?*	when used with movement verbs like **ir**
¿Cómo?	*How?*	sometimes *what?*
¿Con qué frecuencia?	*How often?*	
¿Cuál? ¿Cuáles?	*Which?/What?*	when followed by a form of the verb **ser**
¿Cuándo?	*When?*	
¿Cuánto? ¿Cuánta? ¿Cuántas? ¿Cuántos?	*How much?/How many?*	
¿Dónde?	*Where?*	
¿Por qué?	*Why?*	
¿Qué?	*What?*	
¿Quién? ¿Quiénes?	*Who?*	

Las palabras interrogativas: Usos

Interrogative words are used to form a question, but neither the use nor the word order is exactly like English. In the following explanations, take note of the location of the subject and the lack of an auxiliary verb, such as *do/does*.

¿Qué? y ¿Cuál?

When used with a form of the verb **ser**:

- Use **qué** to ask for a definition or explanation of something
- Use **cuál** to ask for something that has a specific answer or to identify something

—¿Qué es un metate?	—Es algo que se usa para moler maíz.
—¿Cuál es tu nombre?	—Rosa. *(has a specific answer)*

When used with a noun:

- Generally speaking, use **qué** when a noun follows immediately

¿Qué día es?	*What day is it?*
¿Cuál es la fecha?	*What is the date?*

- Use **cuál** with **de** and a noun (as when giving a choice)

¿Cuál de las casas prefiere Esperanza?	*Which house does Esperanza prefer?*

Formulación de preguntas

- Question word/phrase + verb + subject

¿Con que frecuencia va a su terreno a trabajar Rosa?	*How often does Rosa go to her field to work?*

- Same word order for indirect questions (unlike English)

No sé con qué frecuencia va
a su terreno Rosa.

*I don't know how often Rosa
goes to her field.*

G1.2 El tiempo presente

La formación de los verbos regulares

The present indicative tense is used in Spanish in the following ways:

- To express what generally happens (current habitual actions)

Nos saludamos con mucho
afecto.

*We greet one another with a lot
of affection.*

- To express what is currently happening

El agua hierve.

The water is boiling.[2]

- To express what will happen in the near future.

Esperanza se muda a Los
Ángeles la semana que viene.

*Esperanza is moving to
Los Angeles next week.*

¡Fíjese!

Visite la página Web de *Diálogos* para ver los usos de **estar** en la sección de gramática suplemental.

Regular present tense verbs have different endings for the **-ar, -er,** and **-ir** verbs, while the stem (the part of the verb before the ending) does not change. These endings are as follows:

	platicar	leer	recibir
yo	plati**co**	le**o**	recib**o**
tú	platic**as**	le**es**	recib**es**
ella/él, Ud.	platic**a**	le**e**	recib**e**
nosotros	platic**amos**	le**emos**	recib**imos**
vosotros	platic**áis**	le**éis**	recib**ís**
ellos/ellas, Uds.	platic**an**	le**en**	recib**en**

La formación de los verbos irregulares

As in English, some of the most common verbs are irregular in the present tense and must be memorized on their own. There are three such verbs: **ser** and **estar** (*to be*) and **ir** (*to go*).

	ser	estar	ir
yo	soy	estoy	voy
tú	eres	estás	vas
ella /él, Ud.	es	está	va
nosotros	somos	estamos	vamos
vosotros	sois	estáis	vais
ellas/ellos, Uds.	son	están	van

---

[2]The present progressive could be used here as well, but generally speaking, it is less frequent in Spanish than in English.

Some verbs in the present have regular constructions in all of their conjugations except for the **yo** form. This means that the stem does not change for any of the subjects other than the first-person singular. Below is a list of these verbs with their irregular **yo** form.

Verbo		Conjugación del *yo*
caer	*to fall*	caigo
conducir	*to drive*	conduzco
conocer	*to know (by experience)*	conozco
dar	*to give*	doy
hacer	*to do, to make*	hago
oír	*to hear*	oigo
poner	*to put, to place*	pongo
saber	*to know (information)*	sé
salir	*to go out*	salgo
traer	*to bring*	traigo
ver	*to see*	veo

Some verbs have regular changes that occur in the stem. These stem-changing verbs always change in the same ways and fall into four categories, which are listed below. After each category, you will see a list of commonly used verbs that have that stem change. Note that the **nosotros** and the **vosotros** forms do not have a stem change.

e → ie stem change		
	preferir	**querer**
yo	prefiero	quiero
tú	prefieres	quieres
ella/él, Ud.	prefiere	quiere
nosotros	preferimos	queremos
vosotros	preferís	queréis
ellas/ellos, Uds.	prefieren	quieren

Other e → ie stem-changing verbs: **comenzar, despertar, empezar, hervir, pensar, sentar, sentir**

e → i stem change		
	servir	**pedir**
yo	sirvo	pido
tú	sirves	pides
ella/él, Ud.	sirve	pide
nosotros	servimos	pedimos
vosotros	servís	pedís
ellas/ellos, Uds.	sirven	piden

Other e → i stem-changing verbs: **conseguir, despedir, seguir**

o → *ue* stem change		
	dormir	**mover**
yo	duermo	muevo
tú	duermes	mueves
ella/él, Ud.	duerme	mueve
nosotros	dormimos	moveimos
vosotros	dormís	movéis
ellas/ellos, Uds.	duermen	mueven

Other o → ue stem-changing verbs: **acostar, moler, poder, volver**

u → *ue* stem change	
	jugar
yo	juego
tú	juegas
ella/él, Ud.	juega
nosotros	jugamos
vosotros	jugáis
ellas/ellos, Uds.	juegan

Jugar is the only **u → ue** stem-changing verb in Spanish.

Verbos con formas irregulares en la primera persona singular (yo) y con cambios radicales

Some verbs have two kinds of irregularities. Three common verbs are as follows:

	decir (e → i)	**tener (e → ie)**	**venir (e → ie)**
yo	digo	tengo	vengo
tú	dices	tienes	vienes
ella/él, Ud.	dice	tiene	viene
nosotros	decimos	tenemos	venimos
vosotros	decís	tenéis	venís
ellas/ellos, Uds.	dicen	tienen	vienen

Verbos con cambios ortográficos

When an **-ir** verb has a stem that ends in a vowel, the **i** will convert to a **y**, as in the following conjugations:

	construir	oír
yo	construyo	oigo
tú	construyes	oyes
ella/él, Ud.	construye	oye
nosotros	construimos	oímos
vosotros	construís	oís
ellas/ellos, Uds.	construyen	oyen

G1.3 El reflexivo y el recíproco

El reflexivo (*The reflexive*)

Reflexive verbs are called "reflexive" because the actor (subject) and the acted upon (object) are the same person. When talking about daily routines, reflexive verbs are often used (such as **bañarse** and **acostarse**), but there other reflexive verbs are used in wider contexts as well (such as **mudarse** and **preguntarse**). See a list of common reflexive verbs on page 27. In English we may use the *-self* ending to communicate this process:

> I bathe *myself*.   She dresses *herself*.

However, the *-self* construction is not necessary in English, as we can see how the actor receives the action in the following sentences as well:

She sits down.	*She sits (herself) down.*
She goes to sleep.	*She puts (herself) to sleep.*
She showers.	*She showers (herself).*

In English there is no particular way to know that a sentence is reflexive except through context. However, in Spanish, reflexive constructions are identified by a reflexive pronoun, found on the end of the infinitive. These pronouns are:

Pronombres reflexivos		
me	(Yo) me baño.	*I bathe myself.*
te	(Tú) te vistes.	*You dress yourself.*
se	(Ella/Él, Ud.) se acuesta.	*She/He goes to bed.* *You go to bed.*
nos	(Nosotros) nos lavamos la cara.	*We wash our faces.*
os	(Vosotras) os dormís.	*You all fall asleep.*
se	(Ellas/Ellos, Uds.) se afeitan.	*They/You all shave.*

Conjugación de los verbos reflexivos	
acostarse	
yo	me acuesto
tú	te acuestas
ella/él, Ud.	se acuesta
nosotras/nosotros	nos acostamos
vosotras/vosotros	os acostáis
ellas/ellos, Uds.	se acuestan

Most verbs that are reflexive can *also* be used in sentence constructions that are not reflexive, where the subject (the person who does the action) acts on someone or something else. In this case, the reflexive pronoun is not used.

Reflexive usage: Ella se baña. (*She bathes herself.*)

Nonreflexive usage: Ella baña al perro. (*She bathes the dog.*)

Reflexive usage: Rosa se lava los dientes. (*Rosa brushes her teeth.*)

Nonreflexive usage: Esperanza lava los platos. (*Esperanza washes the dishes.*)

Reflexive usage: Me despierto a las 8:00. (*I wake up at 8:00.*)

Nonreflexive usage: Mi mamá me despierta a las 7:00. (*My mother wakes me at 7:00.*)

Algunos verbos reflexivos comunes			
acostarse	*to lay down*[3]	llamarse	*to call oneself*
afeitarse	*to shave*	maquillarse	*to put on makeup*
arreglarse	*to get ready*	moverse	*to move (physically)*
bañarse	*to bathe*	mudarse	*to move*[4]
cepillarse	*to brush*	pararse	*to stand up*
despedirse	*to say good-bye*	ponerse	*to put on*
despertarse	*to wake up*	preguntarse	*to ask oneself, to wonder*
desvestirse	*to undress*	preocuparse	*to worry*
dormirse	*to fall sleep*	quitarse	*to take off*
ducharse	*to shower*	sentarse	*to sit down*
lavarse	*to wash*	vestirse	*to get dressed*

---

[3]often equates to *going to bed*

[4]from one house to another, to residences

Los verbos recíprocos (*Reciprocal verbs*)

Reciprocal verbs are always plural and communicate the idea that the action is being done mutually between two or more parties. The reciprocal idea is often expressed in English with the phrase *each other* or *one another*. In Spanish, a pronoun is used to express this idea. These are the same plural pronouns used in the reflexive construction, and can be first-, second-, or third-person plural.

first-person plural (we)	Nosotros *nos* saludamos.	*We greet one another.*
second-person plural (you all)	Vosotros *os* abrazáis.	*You (all or both) hug each other.*
third-person plural (they)	Ellos *se* escriben.	*They write to each other.*
third-person plural (you all formal)	Uds. *se* abrazan.	*You (all or both) hug each other.*

Note that while the plural reflexive construction is the same as the reciprocal construction, in that the pronoun agrees with the verb, the meaning is different. You can tell the difference by context.

Plural reflexive: Los estudiantes se preocupan.

The students all worry.

Reciprocal: Los estudiantes se ayudan con la tarea.

The students help each other with the homework.

Common reciprocal verbs	
abrazarse	*to hug each other*
apoyarse	*to support each other*
ayudarse	*to help each other*
besarse	*to kiss each other*
darse	*to give each other*
hablarse	*to call/talk to each other*
llevarse (bien o mal)	*to get along (well or poorly) with each other*
mandarse	*to send (something) to each other*
pelearse	*to fight with each other*
reunirse	*to get together with each other*
tirarse	*to throw (something) to each other*
verse	*to see each other*

G1.4 Los adjetivos

Quite often when something or someone is described, an adjective is used. Adjectives don't just modify; they are used to indicate which one (*this* or *that*, for example), quantify (*one, some, many*), and restrict by describing or distinguishing persons or things.

Agreement

Adjectives in Spanish must agree with the noun they modify both in number (singular, plural) and in gender (masculine, feminine).

- Adjectives that end in **-o**, such as **listo**, will change endings for masculine or feminine and singular or plural, as in the following examples:

un desayuno ligero	una comida ligera
unos desayunos ligeros	unas comidas ligeras

- Adjectives that end in **-ista, -e, -al**, are neutral (in terms of gender), but will change to agree with the number of the noun they modify, as in the examples below:

un chico optimista	una chica optimista
unos chicos optimistas	unas chicas optimistas
una mujer alegre	un hombre alegre
unas mujeres alegres	unos hombres alegres
una casa especial	un evento especial
unas casas especiales	unos eventos especiales

- Adjectives that end in **-or** are masculine and add an **-a** to indicate the feminine form.

un agricultor trabajador	una agricultora trabajadora
unos agricultores trabajadores	unas agricultoras trabajadoras

Placement of adjectives

- Descriptive adjectives are usually placed *after* the noun or may be separated from the noun when used with the verbs **ser** or **estar**. They specify or restrict that which is being referred to.

  Rosa es muy **trabajadora**.

  El estudiante **trabajador** se llama Cristofer.

  La casa tiene escaleras **estrechas**.

- The descriptive adjective may go before the noun when the object being referred to has already been mentioned or is otherwise known to the hearer. In this instance, the descriptive adjective serves to expand or add information rather than restrict it. When there is only one of an item in the world or the world being referred to such as the sun, my job, or Sandra Cisnero's books, the adjective may go before the noun or noun phrase.

> El **brillante** sol.

> Mi **extraordinario** trabajo.

> Los **notables** libros de Sandra Cisneros.

- Quantitative (numbers) and demonstrative (*this, that, these, those*) adjectives are placed *before the noun*, as in the following examples:

Quantitative adjectives	
números ordinales (primer, segunda, tercer, etc.)	*ordinal numbers (first, second, third, etc.)*
algún/alguno/alguna/algunos/algunas	*some*
varios/varias	*various*
mucho/mucha/muchos/muchas	*a lot; many*
poco/poca/pocos/pocas	*few; a few*
otro/otra/otros/otras	*other; another*
cuanto/cuanta/cuantos/cuantas	*how much; how many*
ambos/ambas	*both*
tanto/tanta/tantos/tantas	*so much*

Demonstratives	
este/esta/estos/estas	*this*
ese/esos/esa/esas	*that* (near to speaker)
aquello/aquella/aquellos/aquellas	*that* (far away from speaker)

> Tengo **siete** hermanos.   **Este** gato es negro y feo.

> Ella quiere **este** suéter.   **¿Cuántos** hijos tienes?

- Some adjectives take on a different meaning when they are placed before or after a noun, as in the following examples:

La **gran** ciudad.	*The great city.*
La ciudad **grande**.	*The big city.*
Un **mal** ejemplo.	*A poor example.*
Un chico **malo**.	*An evil boy.*
Un **buen** hombre.	*A good or well-qualified man.*
Un hombre **bueno**.	*A morally good man.*

Note that in each of these masculine singular constructions, the ending of the adjective is dropped when it precedes the noun it modifies.

La niñez: Una etapa fundamental

En este capítulo dialogamos sobre la niñez. Como bebés, tenemos necesidades no sólo físicas sino también intelectuales, sociales, emocionales y espirituales. Antes de los cinco años, desarrollamos la capacidad para el aprendizaje, y la perspectiva se debe en gran parte a las interacciones que hemos tenido durante la infancia y la niñez. Nuestra capacidad de relacionarnos con los demás, de formar amistades y de funcionar eficazmente en el ambiente laboral y social también, se establecen durante la niñez.

Enfoques

- Dialogamos sobre la importancia de la niñez.
- Analizamos la ilustración dibujada por una niña guatemalteca de su barrio.
- Leemos sobre la vida y poesía de Humberto Ak'abal, poeta maya de Guatemala.
- Escuchamos a Cristina Kohlman narrar sus experiencias al ser adoptada y dialogamos, en términos generales, sobre la adopción internacional.
- Reflexionamos sobre la niñez a través de la escritura.
- Entrevistamos a personas y les preguntamos sobre su niñez.
- Participamos en el proyecto de compra de animales a través de Heifer International.
- Ayudamos a niños en programas de agencias locales.

CONEXIÓN PERSONAL

Mi niñez

2.1 Recordando los eventos de mi niñez.

Paso 1. Primero indique en la siguiente línea temporal° el año en el que Ud. nació y se graduó de la preparatoria. Después, describa otros eventos importantes en su vida y el año en el cual ocurrieron.

timeline

> **¡Fíjese!**
> **G2.1** • Antes de empezar este ejercicio, consulte la página 51.

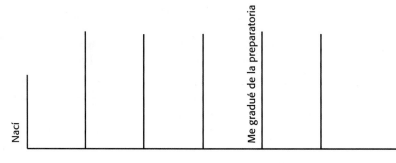

Año: _____   _____   _____   _____   _____   _____

Paso 2. Escriba de cinco a ocho palabras (emociones, acciones, etc.) que Ud. asocia con su niñez. Las palabras pueden reflejar diferentes etapas de su niñez.

_____

_____

_____

Paso 3. Comparta los eventos de la línea temporal de su vida con la de otra persona de la clase. Haga comparaciones y note las semejanzas y diferencias.

MODELO: Yo nací en 1990. Connor también nació en 1990.

SEMEJANZA: Nacimos en el mismo año y tenemos la misma edad.

DIFERENCIA: Yo no me rompí ningún hueso cuando era niña, pero estuve hospitalizada

              a causa de la pulmonía. Connor se fracturó el brazo en el

              año 1995.

Semejanzas:

1. _____

2. _____

3. _____

Diferencias:

1. _____

2. _____

3. _____

2.2 **La niñez de los demás.**

¡Fíjese!

G2.2 • Mientras hace este ejercicio, consulte la página 53.

🏠 **Paso 1.** Piense en las experiencias de la niñez (5 a 12 años) que a Ud. le gustaría saber de los otros estudiantes de la clase. En la primera columna, escriba las preguntas que son más interesantes para Ud., usando la forma **tú** del verbo.

MODELO: Cuando eras niña/niño...

¿Cuáles programas de televisión te gustaban?

Preguntas   Respuesta y firma

1. _____   _____

2. _____   _____

3. _____   _____

4. _____   _____

5. _____   _____

6. _____   _____

7. _____   _____

8. _____   _____

👥 **Paso 2.** Pregúnteles a sus compañeras/compañeros las preguntas que escribió. Apunte la respuesta y pídales sus firmas.

💻 **2.3 ¿Una niñez típica?** Escriba un resumen de aproximadamente 65 palabras de la actividad anterior. Su resumen debe representar varios miembros de la clase y sus reacciones personales.

MODELO: Varios de mis compañeros de clase tenían televisor y reproductor de DVD en su recámara. Yo no tenía ninguno de los dos.

¡Fíjese!

G2.3 • Para repasar cómo narrar en el pasado, consulte la página 54.

2.4 **Explorando el tema: Los dibujos infantiles.** ¿Se acuerda de los dibujos que hacía de niña/niño? ¿De qué se trataban los dibujos? ¿Cuáles eran algunos temas y elementos que tenían? ¿Sus papás colgaban sus obras de arte en el refrigerador? ¿Todavía las guardan?

Paso 1. En una hoja aparte, haga un dibujo representando los temas más comunes que dibujaba en sus dibujos infantiles. (Piense en los dibujos que hacía cuando tenía de seis a ocho años de edad.)

Paso 2. Ahora, mire el dibujo de su compañera/compañero. Escriba a continuación las cosas y los temas que Uds. representaron en sus dibujos. Luego, compártalos con la clase.

_____

_____

_____

_____

_____

_____

Paso 3. A continuación, hay un dibujo por Julia Chan. Observe el dibujo y responda a las siguientes preguntas.

Julia Chan, una niña del cuarto grado de primaria en Quetzaltenango, Guatemala, dibuja la importancia de la seguridad para los niños.

1. ¿Quiénes son las personas en el dibujo?

_____

2. ¿Qué cosas hay representadas en el dibujo?

_____

3. Qué problemas se reflejan en el dibujo?

_____

4. Lea el texto del dibujo. ¿Cuál es el mensaje?

_____

Paso 4. Qué diferencias y semejanzas nota en el dibujo de Julia en comparación con los dibujos que hacía Ud. cuando era niña/niño?

2.5 Una niñez segura y sana. Conteste las siguientes preguntas y tome apuntes de la respuestas en una hoja aparte.

1. ¿Cuáles son las condiciones necesarias para el crecimiento sano durante la niñez?

2. ¿Cuáles son las obligaciones que la sociedad tiene con los niños?

3. ¿Cuáles factores son necesarios para la felicidad de los niños?

EXPRESIÓN CULTURAL

«Siembra del viejo» y «La Chona», Humberto Ak'abal

Antes de leer

Vocabulario pertinente

Sustantivos

la bulla	_trouble_
la caída del sol	_sunset_
las fuerzas	_strength_
la goma de mascar	_chewing gum_
la guerra	_war_
el inicio	_the beginning_
la juventud	_youth_
la leña	_firewood_
el mandado	_errand_
el odio	_hatred_
el peso	_weight_
la rama	_branch_
el sostenimiento	_means of survival_
los tejidos de lana de oveja	_weavings of sheep's wool_

Verbos

aplastar	*to squash*
burlarse	*to make fun of*
cargar	*to bear; to carry*
desgastarse	*to wear out*
empacar	*to pack*
esparcir	*to spread*
fallecer	*to die*
marchitar	*to wither; to fade*
minorizar	*to make less of*
recuperar	*to recover*
regalar	*to give as a gift*
tejer	*to weave*

Expresiones

de arriba abajo	*up and down, all around*
paso a paso	*bit by bit*

2.6 Notas autobiográficas de Humberto Ak'abal. El autor nos habla de su niñez.

Paso 1. Repase la lista de vocabulario y sin leer la lectura, escoja tres de los siguientes temas que probablemente aparecerán en la lectura.

_____ la comida   _____ el trabajo

_____ los deportes escolares   _____ los amigos

_____ los quehaceres de la casa   _____ las emociones

_____ las actividades familiares   _____ las dificultades

Ahora, escriba otro posible tema que no aparece en la lista: _____

_____

Paso 2. Compare sus respuestas del **Paso 1** con las de una compañera/un compañero.

Mientras lee

2.7 Los eventos importantes de la niñez de Ak'abal. Échele un vistazo a la parte I, **Notas autobiográficas**, en la página 39. Mientra lee, complete el ejercicio siguiente. Escoja la respuesta que mejor complete la frase según la lectura.

> **¡Fíjese!**
> Note el uso de los verbos pretéritos e imperfectos en esta lectura. Para repasar estos verbos, consulte **G2.3** en la página 54.

1. Para Humberto, la guerra y la pobreza …
   a. no le afectaron mucho.
   b. le robaron la niñez.
   c. le obligaron a huir del país.

2. El padre de Humberto creía en la importancia de …
   a. poder escribir su nombre.
   b. vender gomas de mascar.
   c. ayudar a su madre en la cocina.

3. Para Humberto, los libros …
   a. eran difíciles de leer.
   b. no le interesaban.
   c. fueron sus amigos.

4. Para Humberto, la poesía …
   a. le ayuda a dormirse.
   b. le ayuda a recuperar su niñez.
   c. necesita tener rima.

2.8 Posibles temas de los poemas. Lea rápidamente los dos poemas escritos por Ak'abal (en las páginas 40–41). Consulte la lista de vocabulario para buscar las palabras que no reconoce. Ponga una X en los temas a continuación que son los más probables para cada poema.

1. «Siembra del viejo»

   el cuido y cultivo de las plantas _____   el futuro _____

   la música _____   las familias _____

   la muerte _____   las flores _____

2. «La Chona»

   cocinar _____   el negocio _____

   vender _____   el trabajo _____

   la muerte _____   la pobreza _____

2.9 Resumen de los párrafos. Relea la parte I (**Notas autobiográficas**) del texto.

Paso 1. Escriba una oración sobre el tema para cada párrafo en **Notas autobiográficas**. Los seis párrafos están numerados y empiezan en la página 39.

1. _____

2. _____

3. _____

4. _____

5. _____

6. _____

Paso 2. Comparta sus respuestas del **Paso 1** con una pareja. Si la pareja no tiene la misma opinión, hablen de las diferencias.

2.10 Explicación de un poema.

Paso 1. Escoja <u>uno</u> de los poemas y léalo cuidadosamente. Proporcione los siguientes elementos del poema.

1. Título: _____

2. Personaje(s): _____

3. Verbos y acciones: _____

4. Sustantivos: _____

5. Metáforas y símbolos: _____

6. El tema: _____

7. La razón por qué el poeta escribió el poema: _____

_____

Paso 2. Ahora, la clase va a decidir a qué poema se refiere cada oración a continuación. Las oraciones se pueden aplicar a los dos poemas. Escriba «*Siembra*» o «*La Chona*» para referirse a los títulos de los poemas.

1. El poema se trata de una persona.
   <u>«Siembra», «La Chona»</u>

2. El poema habla de la muerte.

   _____

3. La persona que el poema describe es pobre.

   _____

4. El poema se trata de un familiar del poeta.

   _____

5. La persona vendía cosas a la gente del pueblo.

   _____

6. La flor representa el ciclo de la vida.

   _____

7. El personaje principal es una mujer.

   _____

8. Un personaje del poema habla con el poeta.

   _____

¡Fíjese!

No se olvide de consultar el vocabulario en la página 35 mientras lee.

A leer

La recuperación de la niñez con la poesía
I. Notas autobiográficas de Humberto Ak'abal

Humberto Ak'abal nació en 1952 en una familia maya del campo de Guatemala. Su niñez se marcó por **la guerra** civil que comenzó en 1960. La guerra civil fue una época de violencia en contra de la gente indígena. Ak'abal explica el origen de su poesía en este comentario autobiográfico que sirve de introducción a su libro de poesía, *Con los ojos después del mar*. (Selecciones de «Una ausencia recuperada» de su libro, *Con los ojos después del mar,* México: Editorial Praxis, 2000.)

Humberto Ak'abal

1 No tuve niñez por la pobreza de mis padres,
y la guerra interna del país me robó **la juventud**.
La necesidad de la existencia despertó en mí
la responsabilidad del trabajo y **aplastó** mi
temprana edad.

2 Desde los seis años de edad comencé a **cargar leña**, ayudando a mi padre. Tres o cuatro **ramas** eran mi carga. Ese **peso** me hizo comprender, **paso a paso**, la pobreza en que vivíamos. Fui pocos años a la escuela. Mi padre decía que era importante que aprendiera a escribir mi nombre, para que cuando fuera mayor no **se burlaran** de mí los que nos **minorizaban** por ser naturales. A la edad de doce años dejé la escuela.

3 En octubre de 1964 **empaqué** dos camisas y dos pantalones y me despedí de mi madre. Viajé a la capital para trabajar con un señor a quien mi padre le había pedido trabajo para mí. Vendí dulces y **gomas de mascar** en la 18 calle.

4 Por esos días se comenzaba a **esparcir** el rumor de que había problemas en el país. En mi pueblo decían «hay **bulla**» para referirse al **inicio** de la guerra en Guatemala. Estuve poco tiempo en la ciudad. Volví a mi región en 1965. Comencé a trabajar con mi padre, haciendo **tejidos de lana de oveja** que luego íbamos a vender a la capital. Siete años después **falleció** él. Yo continué con el trabajo para seguir ayudando al **sostenimiento** de mi madre y de mis hermanos pequeños.

5 Por todas partes se sentía la presencia del terror y del **odio**. La guerra prolongaba. En todo ese tiempo, los libros fueron mis amigos. Comencé a escribir algunos poemas en los que sentí la necesidad de volver a mi infancia. **Recupero**, o mejor dicho, intento recuperar en cada texto esa niñez que no tuve. Intento recuperar aquel pueblo que caminé **de arriba abajo** haciendo **mandados**, o, simplemente por el gusto de caminarlo, bajo el sol o bajo la lluvia. Intento también recuperar esos años jóvenes que se **marchitaron desgastándose** en el trabajo.

6 A veces me pregunto, —¿Cómo se siente un hombre que no fue niño?— Con hambre, he respondido. Por eso amo mis recuerdos. Así es la pobreza, lo obliga a uno

a sentirse adulto aunque sea niño y sólo comprende la diferencia cuando las **fuerzas** se le acaban antes de la **caída del sol**.

II. Dos poemas de Humberto Ak'abal

En la introducción a su libro de poesía, *Con los ojos después del mar*, Humberto Ak'abal dice que su poesía es un intento de recuperar una juventud que no tuvo la oportunidad de vivir completamente. En sus poemas, Ak'abal se refiere a las personas y los eventos de su niñez. A continuación hay dos poemas que representan imágenes y recuerdos para él.

El campo, Guatemala

Siembra° del viejo

sembrar: to sow

great-grandfather

hole

1   El bisabuelo° era músico y cantor.
Cuando estaba ya muy viejo
abrió un hoyo°
y sembró su canto.

5   —Yo lo tomé de la tierra
y a ella se lo devuelvo —dijo—;
—algún día florecerá° otra vez.
Y murió soñando° con las flores
que daría su sombra°.

florecer: to bloom
soñar: to dream
shadow

La Chona

1 La Chona cargaba el mundo
sobre su cabeza.

En el enorme tanate°
llevaba chamarras° viejas,
5 trapos°, ollas°, cajas de cartón,
botes de hojalata°, en fin;
quién sabe cuántas cosas más.

La Chona dormía
donde le cayera la noche°,
10 comía
lo que le **regalara** el cielo.

De tanto caminar,
la Chona se fue **desgastando**
y sin darse cuenta°
15 se acabó.

container
jackets
rags / pots
tin cans

*donde ... wherever she
was when night fell*

darse ... to realize

Una mujer maya de Guatemala
carga su bulto en la cabeza

Después de leer

2.11 Un párrafo sobre mi poema.

Paso 1. En grupos de tres o cuatro personas, lean las respuestas de la actividad **2.10** y combinen la información para escribir un análisis más completo de su poema.

Paso 2. Usando las ideas de todos en el grupo, escriban un análisis de su poema (un párrafo de 75 a 100 palabras).

2.12 Una comparación de experiencias.

Paso 1. Primero, escriba las experiencias de Ak'abal durante su niñez al lado de cada tema en la primera columna, después, escriba sus experiencias.

Temas	Humberto Ak'abal	Usted
el trabajo		
la literatura		
la guerra		
los padres		
viajar		
la escuela		

Paso 2. Comparta con una compañera/un compañero las semejanzas y las diferencias entre la niñez de Humberto y la suya.

CONTEXTO GLOBAL

La adopción internacional (Guatemala)

La adopción internacional es un recurso para personas en los Estados Unidos —y en otras partes del mundo— que quieren tener hijos y que por varias razones no los tienen. Guatemala es uno de los países de donde provienen muchos niños adoptados en los Estados Unidos. Escuchemos a Cristina Kohlman y su historia de cómo viajó de un orfanato° en Guatemala a formar parte de una familia en Kansas City, Missouri.

orphanage

Nos presentamos

Nombre: Cristina Kohlman

Edad: 26 años

Residencia: Kansas City, Missouri

Profesión: estudiante

Educación: estudia pedagogía

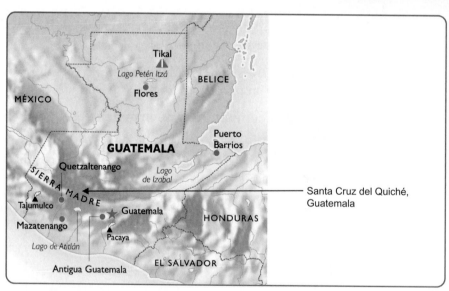

Ciudad donde nació Cristina

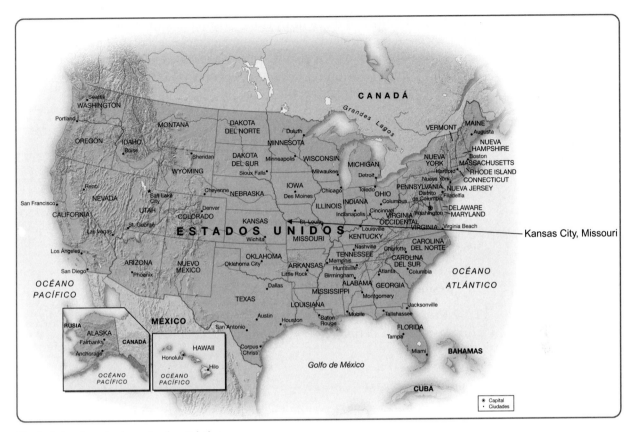

Kansas City, Missouri

Ciudad donde actualmente vive Cristina

Antes de escuchar

Vocabulario pertinente

Sustantivos

el esfuerzo	*effort*
el quetzal	*Guatemalan monetary unit*
el quiché	*indigenous Mayan language*
el rechazo	*rejection*

Verbos

acercarse	*to become close*
alimentar	*to nourish; to feed*
escoger	*to choose*
matricular	*to enroll*

¡Fíjese!

G2.3 • Para repasar cómo conjugar y usar los verbos, pretéritos e imperfectos consulte la página 54.

2.13 Las dificultades de la adopción. Cristina nos va a contar sus experiencias al ser adoptada. Usando su imaginación escriba una comparación entre las experiencias de Cristina en un orfanato en Guatemala y lo que ocurre en Kansas City junto a sus futuros padres y hermana. Use los temas a continuación en su comparación.

1. la casa: _____

2. los padres: _____

3. la comida: _____

4. el idioma: _____

5. la escuela: _____

6. los hermanos: _____

7. los amigos: _____

2.14 Práctica con el vocabulario. Escriba la letra de la columna **B** que corresponde a la definición o al sinónimo de la columna **A**.

A	B
_____ **1.** no aceptar	**a.** acercarse
_____ **2.** la moneda nacional de Guatemala	**b.** alimentar
_____ **3.** elegir	**c.** escoger
_____ **4.** uno de los idiomas de Guatemala	**d.** orfanato
_____ **5.** dar de comer	**e.** rechazar
_____ **6.** ponerse cerca	**f.** quetzal
_____ **7.** donde viven los niños sin padres	**g.** quiché

A escuchar

2.15 Cristina narra sobre su adopción. Escuche y sólo trate de captar la esencia de la información.

2.16 Los temas. Mientras escucha por segunda vez, identifique los tres temas más importantes de la narrativa de Cristina.

1. _____ Sus problemas en la escuela

2. _____ Los problemas que tiene con su hermana

3. _____ La diferencia entre su vida en Guatemala y en Kansas City

4. _____ Las diferencias entre el orfanato y su casa nueva

5. _____ Las cosas que tiene en su casa

6. _____ La historia de su llegada al orfanato

2.17 La cronología de la vida de Cristina. Escuche una vez más y ponga en orden lo que narra Cristina.

1. _____ Viví en el orfanato hasta la edad de ocho años.

2. _____ Hablaba quiché y español y mi nueva familia sólo hablaba inglés.

3. _____ Mis padres quieren tener una familia unida.

4. _____ Me encantaba la idea de tener mi propio dormitorio con mi propio baño.

5. _____ Mi madre no tenía recursos para alimentarme.

6. _____ Me matricularon en el kinder.

7. _____ Mi padre murió en la guerra civil.

8. _____ Estoy en el proceso de recuperar el español.

9. _____ Mi tío me comenzó a abusar físicamente.

10. _____ Para mí es como si no tuviera una hermana.

Después de escuchar

2.18 Pensando en mi propia experiencia: La niñez. Compare los eventos de la vida de Humberto Ak'abal, Cristina Kohlman y la vida de su compañera/compañero de clase.

	Humberto Ak'abal	Cristina Kohlman	Mi pareja
Nació en (año y lugar) ...	1952 en el campo de Guatemala		
A los seis años vivía en ...			
Personas influyentes de su niñez		su tío y ...	
Emociones que asocia con la niñez			

2.19 Una actividad sobre la adopción internacional. En grupos de cuatro a seis personas contesten y discutan las siguientes preguntas y anoten sus respuestas en una hoja aparte.

En 1996 el gobierno de los Estados Unidos dio visados a aproximadamente 10.000 niños huérfanos de otros países. En el año 2008 esa cifra subió a más de 17.000; la mayoría es de Guatemala[1]. Se ha dicho que los niños adoptivos representan uno de los "productos" de exportación de más ganancia para el país y que los más beneficiados son los abogados y el gobierno. ¿Es ética la adopción internacional, o no?

---

[1]http://adoption.state.gov/news/total_chart.html

1. ¿Cuáles son algunas razones por las cuales una niña/un niño estaría en lista de adopción?

2. ¿Cuáles son las causas de estas razones? (Por ejemplo, "los padres de la niña no tienen dinero suficiente para alimentarla", piense en las causas como la pobreza, el desempleo, etc.)

3. ¿Por qué una persona o una pareja querría adoptar a una niña/un niño?

4. Escoja un tema de investigación relacionado con la adopción internacional. Cada persona del grupo se encargará de un aspecto del tema para después informar al resto de la clase.

REFLEXIÓN

¡Fíjese!

Visite la página Web de *Diálogos* para repasar cómo hacer comparaciones en la sección de gramática suplemental.

Un momento importante de mi niñez. Hemos estado dialogando sobre los eventos, las emociones, las dificultades y los cambios durante la niñez. Piense en un evento importante que le ocurrió en su niñez. Estos eventos nos ayudan a ser las personas que somos hoy en día.

Antes de escribir

2.20 Lluvia de ideas.

Paso 1. Hay eventos que nos preparan para enfrentarnos a la vida, contribuyen a la formación de nuestras actitudes y guían nuestras metas en la vida. Escriba una lista de tres de estos eventos que fueron importantes para Ud. en su niñez.

_____

_____

_____

Paso 2. Escuche mientras la clase comparte los eventos de la niñez. Apunte otros momentos que son semejantes a los que mencionen sus compañeros.

2.21 Un evento importante. Escoja uno de los eventos que Ud. indicó en la actividad anterior y en otra hoja responda a las siguientes preguntas. Con la ayuda de un diccionario, escriba una lista de 15 a 20 palabras nuevas que necesitará para hablar del evento.

1. ¿Qué pasó?

2. ¿Cuántos años tenía?

3. ¿Dónde ocurrió?

4. ¿Quién estaba presente?

5. ¿Quién le ayudó?

6. ¿Por qué fue un evento importante o significativo para Ud.?

7. ¿Qué aprendió?

8. ¿Cambió Ud. después del evento? ¿Cómo cambió?

Paso 1. Comparta su evento en términos generales con una compañera/un compañero. Escriba dos o tres preguntas más y anote las respuestas.

Paso 2. Después de hacer las actividades en clase, anote tres aspectos más del evento que quiere incluir en su composición. Piense en su público —su profesora/profesor y la clase.

1. _____.

   Apuntes: _____

2. _____.

   Apuntes: _____

3. _____.

   Apuntes: _____

A escribir

2.22 El bosquejo de mis ideas. Hay varias maneras de escribir un bosquejo. Consulte el **Apéndice B** en la página 154 para ver un modelo, además siga los siguientes pasos. Después de escribir el bosquejo piense en lo siguiente.

Título provisional: _____

Tesis (una frase que expresa la idea central de toda la composición):

_____

Incluya el título y la tesis en su bosquejo.

2.23 El primer borrador. Siga la guía para organizar sus ideas en el bosquejo. Use sus apuntes de **2.20 Paso 2** y el vocabulario relevante para formar su borrador.

Paso 1. Introducción (Párrafo 1): ¿Qué tiene que saber la lectora/el lector para entender el evento?

- Empiece con los aspectos pertinentes (descripción breve de su niñez, dónde vivía su familia, dónde estaba, etc.)
- Describa las circunstancias (Tenía … años, vivía en …, mis padres eran …, etc.)
- Piense en cómo quiere introducir el evento (Este incidente ocurrió …, No me encontraba cómodo …, etc.)

Narración del evento (Párrafo 2): ¿Qué pasó?

- Use los tiempos pasados (el pretérito y el imperfecto) para narrar el evento.
- Describa las acciones y las emociones más importantes para presentar la situación.
- Debe de llegar al punto culminante o el conflicto de la experiencia.

Análisis y conclusión (Párrafo 3):

- Presente la resolución al conflicto o el resultado del evento y el impacto que tuvo en su vida.
- Analice el evento desde la perspectiva del presente.
- Reflexione sobre el evento y lo que aprendió.

Paso 2. Revisión. Intercambie el borrador con una compañera/un compañero de clase. Ayúdense con el contenido primero y la gramática después.

2.24 La composición. Escriba una composición usando el bosquejo y el borrador anterior. Véase el ejemplo de la relación entre el bosquejo y la composición en el **Apéndice C**, página 155. No olvide que su composición debe tener un mínimo de tres párrafos, uno para cada grupo de ideas en su bosquejo, con un párrafo de introducción, uno que comunica los eventos importantes y uno que concluye con un análisis de su experiencia y lo que aprendió.

Después de escribir

Repase su trabajo final. Utilice esta lista para evitar errores comunes:

- Pase el corrector ortográfico
- Examine los sustantivos: ¿Todas las palabras que lo modifican tienen el mismo género (femenino, masculino) y número (plural, singular)?
- Examine los verbos: ¿Concuerdan con los sujetos? ¿Ha usado el tiempo que expresa lo que quiere decir?
- Revise los acentos, los márgenes, el título, el encabezamiento y los otros detalles que la profesora/el profesor le haya pedido.

AMPLIANDO EL CONOCIMIENTO CON EXPERIENCIA

Servicio: Aprender sirviendo en programas educativos

En este capítulo hemos examinado nuestra niñez, la niñez de nuestros compañeros de clase y la de dos personas guatemaltecas. ¿Cómo podemos contribuir al mejoramiento de las vidas de los niños? Hay muchos programas que tienen como objetivo el bienestar de los niños.

Opción 1. Servir a los niños en un programa de una agencia social

Su profesora/profesor le va a dar una lista de programas en los cuales Ud. podría servir de voluntaria/o. Identifique un programa en el que le gustaría participar.

2.25 Planeando y organizándose

1. Hable con la directora/el director del programa para decidir un horario semanal.

2. Cada vez que participa, escriba un párrafo sobre las actividades en las que participó y la experiencia. ¿Fue positiva o negativa? ¿Por qué? ¿Aprendió algo nuevo? ¿Sorprendente?

3. Para confirmar las horas de servicio, obtenga la firma de la directora/del director del programa durante cada visita.

4. Si tiene preguntas o dudas sobre lo que debe de estar haciendo, hable con su profesora/profesor o con la persona encargada del programa en la agencia.

Opción 2. Heifer International: animales para la educación

fuente ... *source of income*

La organización Heifer Internacional se estableció para capacitar a familias rurales que sufren los efectos de la pobreza para que puedan alimentarse y a la vez, tener una fuente de ingreso°. Heifer Internacional ayuda a los ninos donando animales a familias y comunidades. También reciben instrucción en prácticas agrícolas que sostienen el ambiente. Cada persona que recibe un animal, eventualmente llega a ser donante porque las crías° de su animal benefician a otras personas. Este proceso desarrolla° el crecimiento de la solidaridad en la comunidad y el auto-concepto de la persona beneficiada.

young, offspring develops

2.26 Una cena para Heifer. Su clase puede preparar una cena para recaudar fondos° y así donar un animal. Siga los siguientes pasos para organizar el evento.

recaudar fondos ... *raise money*

Paso 1. Con dos meses de anticipación:

1. Seleccione un proyecto o animal para el cual quiere recaudar fondos.

2. Planee el menú basándose en la comida original del país que va a recibir el animal. Por ejemplo, si va a donar una llama, Ud. puede preparar un menú auténtico del Perú, Ecuador o Bolivia, de donde la llama es originaria.

3. Seleccione el lugar, la fecha, la hora y el precio de entrada. El precio debe basarse en sus cálculos de cuántas personas asistirán y las ganancias que quiere obtener.

> **¡Fíjese!**
> Visite la página Web de *Diálogos* y siga el enlace para ver el catálogo de Heifer International.

Paso 2. Con un mes de anticipación:

4. ¡La publicidad del evento es lo más importante de todo! Es esencial que venda los boletos con anticipación. Las invitaciones deben exponer el proyecto, ser atractivas y de be repartirlas con un mes de anticipación.

Paso 3. La semana de la cena:

5. La recolección de fondos y la contabilidad de los gastos es esencial para realizar una buena ganancia. Su universidad puede establecer un fondo donde Ud. puede depositar el dinero, pagar las cuentas y escribir el cheque a Heifer Internacional.

Paso 4. En la cena:

6. Con música y visuales del país, eduque a los que asistan sobre la cultura del país que han escogido y los proyectos de Heifer Internacional.

Paso 5. Después de la cena:

7. En clase, evalúe el resultado del evento. Anote los cambios que puede hacer en el futuro para mejorar el evento. Reflexione sobre lo que ha aprendido durante este evento.

Aplicación: Las experiencias de los demás: Una entrevista

Con esta experiencia tendrá la oportunidad de conocer personalmente a una persona que ha dejado su país de origen para inmigrar a los Estados Unidos. Por medio de una entrevista, reflexionaremos sobre las dificultades de tener que adaptarse a una nueva cultura y a la vez y mantener una identidad personal.

 ### 2.27 Antes de la entrevista

 Paso 1. Prepare una lista de cinco preguntas. Luego, comparta estas preguntas con la clase y de sus listas, forme otra lista con las 25 mejores preguntas.

1. _____

2. _____

3. _____

4. _____

5. _____

Paso 2. En resumen.

1. Escriba un resumen de la entrevista. En el primer párrafo incluya información básica sobre la persona y el resultado de la entrevista. Comente sobre lo que Ud. ha aprendido, especialmente las sorpresas y cualquier cambio de opinión que tuvo.

2. Con la clase, comparta lo que más le ha impresionado de la entrevista. ¿Cuáles son las dificultades de un inmigrante en los Estados Unidos?

EXPLICACIONES GRAMATICALES

G2.1 Un aspecto del pasado: La formación del pretérito (*One aspect of the past: Forming the preterit*)

The preterit is a past tense that is used to express past actions that are presented as completed or where the focus is on the start or end of the action. (Note: For a detailed explanation of the *use* of the preterit see section **G2.3**.)

El pretérito: Verbos regulares

The preterit has many irregular forms in Spanish and we will examine its irregularities below. Note that in the regular conjugation of the preterit, the -er and -ir ending verbs are conjugated exactly the same.

	matricular *to enroll*	fallecer *to die*	esparcir *to spread*
yo	matricul**é**	fallec**í**	esparc**í**
tú	matricul**aste**	fallec**iste**	esparc**iste**
ella/él, Ud.	matricul**ó**	fallec**ió**	esparc**ió**
nosotros	matricul**amos**	fallec**imos**	esparc**imos**
vosotros	matricul**asteis**	fallec**isteis**	esparc**isteis**
ellas/ellos, Uds.	matricul**aron**	fallec**ieron**	esparc**ieron**

El pretérito: Verbos irregulares

- Stem-changing irregular preterit verbs with regular endings

In general, preterit verbs do not have the stem changes that present-tense verbs have because of their accented endings. However, some -ir ending verbs have a stem change that manifests itself in the third-person singular and plural endings (o → u, e → i). Some of these common -ir stem-changing verbs are listed below.

	servir	pedir	dormir
yo	serví	pedí	dormí
tú	serviste	pediste	dormiste
ella/él, Ud.	sirvió	pidió	durmió
nosotros	servimos	pedimos	dormimos
vosotros	servisteis	pedisteis	dormisteis
ellas/ellos, Uds.	sirvieron	pidieron	durmieron

Other **-ir** stem-changing verbs in the preterit: **morir, reir, seguir, sentir**

■ Irregular root preterit verbs with irregular endings

Some commonly used verbs have an irregular root in the preterit, and this root is followed by a slightly irregular set of endings. Some common roots and their irregular endings are listed below.

Irregular preterit roots		Irregular endings
andar	anduv-	
caber	cup-	
estar	estuv-	-e
haber	hub-	-iste
hacer	hic- or hiz-	-o
poder	pud-	-imos
poner	pus-	-isteis
querer	quis-	-ieron
saber	sup-	
tener	tuv-	
venir	vin-	

■ Verbs whose root ends in **j** leave out the **i** in the **ellas/ellos, Uds.** form

verb	irregular root	ellas/ellos, Uds. (-eron)
conducir	conduj-	condujeron
decir	dij-	dijeron
traducir	traduj-	tradujeron
traer	traj-	trajeron

■ Certain **-ar** verbs require a spelling change in the preterit in order to maintain the original pronunciation of the consonant preceding the ending

Verbs such as **buscar** that end in **-co** in the **yo** form will change from c → qu (**busqué**).

Verbs such as **llegar** that end in **-go** in the **yo** form will change from g → gu (**llegué**).

Verbs such as **gozar** that end in **-zo** in the **yo** form will change from z → c (**gocé**).

■ Other irregular preterit verbs

Several preterit verbs are so irregular that they must be memorized separately from other irregular groupings. Such is the case with the four verbs conjugated below. Note that **ser** and **ir** are conjugated exactly alike in the preterit.

	dar	ir/ ser
yo	di	fui
tú	diste	fuiste
ella/él, Ud.	dio	fue
nosotros	dimos	fuimos
vosotros	disteis	fuisteis
ellas/ellos, Uds.	dieron	fueron

G2.2 Otro aspecto del pasado: La formación del imperfecto (*Another aspect of the past: Forming the imperfect*)

The past tense in Spanish. (Note: For a detailed explanation of the *use* of the imperfect see section **G2.3**.)

■ Regular verbs in the imperfect

The imperfect is the most regular of all the verb forms in Spanish. There are two sets of endings, and the **-er** and **-ir** ending verbs are assigned identical endings. Note that the first-person and third-person singular verbs have the same conjugations.

	alimentar *to feed*	escoger *to choose*	esparcir *to spread*
yo	aliment**aba**	escog**ía**	esparc**ía**
tú	aliment**abas**	escog**ías**	esparc**ías**
ella/él, Ud.	aliment**aba**	escog**ía**	esparc**ía**
nosotros	aliment**ábamos**	escog**íamos**	esparc**íamos**
vosotros	aliment**abais**	escog**íais**	esparc**íais**
ellas/ellos, Uds.	aliment**aban**	escog**ían**	esparc**ían**

■ Irregular verbs in the imperfect

Only three verbs have irregular roots and endings in the imperfect.

	ser	**ir**	**ver**
yo	era	iba	veía
tú	eras	ibas	veías
ella/él, Ud.	era	iba	veía
nosotros	éramos	íbamos	veíamos
vosotros	erais	ibais	veíais
ellas/ellos, Uds.	eran	iban	veían

G2.3 El pretérito y el imperfecto usados en la narración (*The preterit and the imperfect used in narration*)

Perhaps one of the most difficult concepts for native speakers of English to grasp is the relationship between the preterit and the imperfect in expressing past actions, events, and descriptions in Spanish. Note that both express past time. The difference is called *aspect,* which has to do with features such as ongoingness, completeness, etc.

General rule: Use the *preterit* for an action verb and when it is:

- it shows a change or reaction
- it tells about an event
- there is a specific time limitation (gives dates or times that something started, ended, or both).

General rule: Use the *imperfect* for a nonaction verb (state, emotion, being) in and when it is:

- a habitual action
- an action that is going on when another action interrupts it
- a description (sometimes called a snapshot) of the action
- talking about the future in the past.

For some verbs it may be difficult to distinguish action from nonaction. It may help to think of the preterit as focusing on the beginning or the end of the action or state and the imperfect as no particular time focus (middle of the action or ongoing action). Here's an example:

Te quería demasiado.   Te quise demasiado.

English would render these both as *I loved you too much.* Both cases are talking about something in the past, but in the second, the focus is on the end of the action/state—in other words, it's definitely over.

As a past story or event is narrated, the narrator (speaker or writer) moves from one past tense to another in order to effectively communicate. Note the use of the preterit and the imperfect in the following narration of a childhood event.

El regalo de cumpleaños de Julia

Remember that the default is: For action verbs use preterit; for nonaction verbs use imperfect.

	Action or nonaction verb?	Verb is preterit or imperfect?	Follows default?	Which specification?
Mañana Julia *iba* a cumplir 12 años.	a	i	n	future in the past
Normalmente Julia *pasaba* su cumpleaños en la escuela, pero	a	i	n	habitual
mañana *era* sábado.	non	i	y	future in the past
Julia *decidió* pasárselo en el parque con sus amigas.	a	p	y	–
Era un día lindísimo de abril	non	i	y	–
y Julia y sus amigas *jugaban* junto al lago.	a	i	n	interrupted action
De repente, *empezó* a llover.	a	p	y	–
Julia y sus amigas *corrieron* a la casa.	a	p	y	–
Al llegar a la casa *vieron* que	a	p	y	–
los padres de Julia *se preparaban* para una fiesta.	a	i	n	snapshot
Llegaban parientes y amigos	a	i	n	snapshot
Julia *notó* que	a	p	y	–
todos *tenían* regalos.	non	i	y	–
Cuando *vieron* que Julia y sus amigas	a	p	y	–
estaban mojadas	non	i	y	–
sus padres *se rieron*	a	p	y	–
y *gritaron* «¡Feliz cumpleaños»	a	p	y	–
Julia *estuvo* muy sorprendida.	non	p	n	reaction

For more practice, take a careful look at the autobiographical story of Humberto Ak'abal on page 39; underline verbs in the preterit and circle those in the imperfect. Try to figure out why the author used one form or the other using the guidelines given here. Note that Ak'abal's story contains other verb forms in addition to preterit and imperfect. For now, just focus on these two past tense forms.

G2.4 Verbos que requieren un pronombre del complemento indirecto —verbos como *gustar* (*Indirect-object verbs— Verbs like* gustar)

Several verbs in Spanish *require* a construction that includes an indirect-object pronoun. For English speakers, this construction seems reversed because it seems as though one is saying "Poems like me" instead of "I like poems." The confusion lies in interpreting the subject (a grammatical concept). The poems do the action of the verb (pleasing) and the object receives it (is pleased). Note the following example:

Me	gustan	los poemas de Ak'abal.
Indirect-object pronoun	verb	subject
(to) me	please	Ak'abal's poems

"Ak'abal's poems please me" sounds strange, so we say, "I like Ak'abal's poems," but notice the reversal of subject and object on that last step.

Note that, as always in Spanish, the verb (**gustan**) agrees with the subject (poems).

Gustar is the most common of these verbs but there are more. Some examples follow.[2]

encantar (*to be delightful*)

Le	encantaba	leer	a Ak'abal.
indirect-obejct pronoun	verb	subject	indirect object
to him	is delightful	to read	to Ak'abal

Reading was/used to be delightful to Ak'abal OR *Ak'abal loved to read.*

faltar (*to be missing, lacking*)

Le	faltaba una	niñez típica
indirect-object pronoun	verb	subject
(to) him	was lacking	a typical childhood

He missed out on/lacked a typical childhood.

---

[2]**¡Cuidado!** Some verbs on this list have other meanings when their grammatical structure is different. For example, **quedarse** when used as a reflexive verb means *to stay* or *remain*.

interesar (*to interest*)

> A Cristina no le interesaba hablar inglés al principio.
>
> *Cristina wasn't interested in speaking English at first.*

molestar (*to bother*)

> ¿Te molestaba la historia de Cristina?
>
> *Did Cristina's story bother you?*

parecer (*to seem*)

> A las niñas guatemaltecas les parecía difícil aprender inglés.
>
> *Learning English seemed hard to the Guatemalan girls.*

convencer (*to convince*)

> A los padres de Cristina no les convenció la historia del tío.
>
> *Cristina's parents weren't convinced by the uncle's story.*

satisfacer (*to satisfy*)

> No les satisfacía la explicación.
>
> *The explanation didn't satisfy them.*

quedar (*to fit*)

> ¿A Cristina le quedaba la ropa de su hermana?
>
> *Did her sister's clothing fit Cristina?*

apetecer (*to be appetizing*)

> A los huérfanos no les apetecía la comida.
>
> *The orphans didn't find the food appetizing.*

La importancia de la salud

En este capítulo dialogamos sobre el tema de la salud en el contexto personal, social y cultural. Exploramos los hábitos de comer sanamente y vivir bien. Consideramos el arte como expresión y respuesta al sufrimiento físico y psicológico. Además, examinamos la salud en relación a los recursos económicos y a las condiciones laborales.

Enfoques

- Dialogamos sobre la salud como responsabilidad personal —los hábitos alimenticios y estilo de vida.
- Observamos la conexión entre la salud y el arte de la artista mexicana, Frida Kahlo.
- Escuchamos a Giovani y Anita mientras hablan de las condiciones laborales que afectan la salud de los empleados de la compañía bananera en Olanchito, Honduras.
- Ofrecemos sugerencias para mejorar la salud por medio de una carta formal.
- Reflexionamos sobre los beneficios de las clínicas públicas en la comunidad.
- Participamos en el campo de la salud.

CONEXIÓN PERSONAL

¡Fíjese!

Para repasar cómo hablar sobre el pasado, consulte las secciones, **G2.1**, **G2.2** y **G2.3** en las páginas 51–56.

Mi salud

3.1 El estado de mi salud antes y ahora.

🏠 **Paso 1.** Conteste las preguntas pensando primero en su niñez y después en la actualidad (ahora).

Durante mi niñez...

1. me vacunaban.	Sí	No
2. me sometían° a un examen médico anual.	Sí	No
3. padecía de° alergias. ¿A qué? _____	Sí	No
4. tenía asma.	Sí	No
5. sufría de infecciones de oído o garganta.	Sí	No
6. tomaba antibióticos varias veces al año.	Sí	No
7. tomaba otros medicamentos con regularidad.	Sí	No
8. me pusieron frenillos° en los dientes.	Sí	No
9. me pusieron (o recetaron) lentes.	Sí	No
10. me fracturé un hueso. ¿Cuál(es)? _____	Sí	No
11. me ingresaron en el hospital.	Sí	No
12. me operaron.	Sí	No

underwent

to suffer from

braces

Ahora...

1. me someto a un examen médico anual.	Sí	No
2. tengo alergias.	Sí	No
3. tengo asma.	Sí	No
4. sufro de infecciones frecuentes.	Sí	No
5. tomo antibióticos varias veces al año.	Sí	No
6. tomo otros medicamentos con regularidad.	Sí	No
7. tengo frenillos.	Sí	No
8. uso lentes.	Sí	No

👥 **Paso 2.** Basándose en sus respuestas del **Paso 1**, comparta con una pareja el estado de su salud. Háganse estas preguntas:

1. ¿Ahora, disfrutas de buena o mala salud? Explica tu respuesta.
2. ¿Tenías buena o mala salud en tu niñez? Explica los problemas de salud que tenías y la edad que tenías.
3. ¿Cuáles son las actividades que haces para cuidar tu salud?
4. ¿En qué ocasiones haces una visita al médico?

Paso 3. Compartan las respuestas a las siguientes preguntas.

1. Cuando Ud. era niña/niño y necesitaba atención médica, ¿quién lo pagaba? ¿Su familia tenía seguro médico?

2. Ahora, si Ud. necesita atención médica, ¿quién lo paga?

3. Escriba una lista de los recursos comunitarios para los que necesitan atención médica, pero no tienen seguro médico. ¿Cómo se enteran estas personas de los recursos disponibles?

3.2 La salud y los hábitos de comer.

Paso 1. Ponga una *X* si las siguientes oraciones describen hábitos que Ud. tiene.

1. _____ Como lentamente y sin prisa.

2. _____ No espero más de cuatro horas entre comidas.

3. _____ Me gusta picar entre las comidas principales.

4. _____ Como una sola vez al día.

5. _____ Tengo horas fijas para las comidas.

6. _____ Normalmente como las tres comidas diarias.

7. _____ A veces como frente al televisor.

8. _____ Por lo general, ceno con otras personas —mi familia o mis amigos.

Paso 2. Compare sus hábitos con los de otra persona.

Paso 3. Una/Un estudiante o la profesora/el profesor va a tabular las respuestas de la clase en la pizarra. Intenten hacer una oración que resuma los hábitos de la clase en general.

3.3 Explorando el tema: Sanos consejos diarios.

Paso 1. Empareje cada palabra de la columna **A** con otra palabra que tenga un significado similar de la columna **B**.

A	B
1. _____ nutrir	**a.** enorme
2. _____ seguir	**b.** durante
3. _____ horario	**c.** tratar
4. _____ suma	**d.** alimentar
5. _____ digerir	**e.** absorber comida
6. _____ intentar	**f.** tiempo/hora
7. _____ evitar	**g.** continuar
8. _____ a lo largo de	**h.** no comer, no tomar

Paso 2. Los consejos del **Paso 3** ofrecen sugerencias para comer mejor. Marque con *X* los consejos que anticipa ver en el artículo.

- ❏ dónde comer
- ❏ con quién comer
- ❏ qué **no** comer
- ❏ qué **no** hacer mientras come
- ❏ a qué hora comer

Paso 3. Échele un vistazo a los siguientes consejos para ver si los temas que anticipaba Ud. están en la lista. Modifique sus respuestas anteriores según lo que encuentre.

Consejos para comer una dieta sana

Así te nutrirás bien:

a. Seguir con regularidad el horario de comidas.

b. Limitar el tiempo entre comidas de 3 a 4 horas.

c. Es de suma importancia no saltarse las principales comidas.

d. Tomar tiempo para digerir la comida.

e. Intentar no comer entre comidas. Si lo haces, hazlo de forma regular.

f. Evitar comer compulsivamente mientras ves la tele o estudias.

g. No comer solo una comida; es importante que distribuyas tu energía a lo largo del día.

 3.4 Pensándolo un poco más. Ponga un círculo en la letra del consejo del **Paso 3** de la actividad 3.3 que Ud. cree que es el más importante en cuanto a la comida y la salud. Compare su respuesta con otra persona de la clase.

 3.5 Él que escucha consejos, llega a viejo.

Paso 1. Relea los consejos del **Paso 3** de la actividad 3.3. A continuación, aparecen los siete consejos escritos de una forma más sencilla (son mandatos) y en orden diferente. Escriba la letra del consejo del **Paso 3** de la actividad 3.3 que mejor le corresponda.

1. _____ No hagas otra actividad mientras comes.

2. _____ No esperes más de cuatro horas entre comidas.

3. _____ Disfruta el placer de comer sin prisa.

4. _____ Ten horas fijas para las comidas.

> **¡Fíjese!**
> **G3.1B** • Para repasar los mandatos, consulte la página 83.

5. _____ No comas una sola vez al día.

6. _____ Nunca dejes de comer ninguna de las tres comidas diarias.

7. _____ No te descontroles con muchas meriendas.

Paso 2. Lea los consejos en la página 61 una vez más y ordénelos según la importancia que tienen para Ud. Escriba la letra en la línea.

1. _____   5. _____

2. _____   6. _____

3. _____   7. _____

4. _____

¡Fíjese!
Para repasar los verbos en el presente, incluyendo los reflexivos, consulte la sección **G1.1** en la página 22.

3.6 Nuestros hábitos de comer.

Paso 1. En grupos de tres o cuatro, escriban una lista de los malos hábitos de comer que Uds. tienen. Sean específicos.

Nota: Una persona del grupo debe escribir la lista en una hoja aparte porque van a compartir su lista con la de otro grupo.

Modelo: <u>Nosotros no desayunamos por falta de tiempo</u> .

1. _____

2. _____

3. _____

4. _____

5. _____

¡Fíjese!
Use el subjuntivo para hacer una sugerencia (**G3.3** en la página 88) y los mandatos para emitir una órdenes (**G3.1** en la página 82).

Paso 2. Intercambien su lista del **Paso 1** con otro grupo. Escriban una solución al problema (en forma de mandato o sugerencia) para cambiar cada hábito negativo.

Modelo: <u>Nosotros no desayunamos por falta de tiempo</u> .

Sugerencia: <u>Sugerimos que Uds. compren fruta para comerla en camino a su primera</u>
<u>clase</u> .

Mandato: <u>Levántense más temprano y vayan a la cafetería para desayunar</u> .

1. Sugerencia o Mandato

_____

2. Sugerencia o Mandato

_____

3. Sugerencia o Mandato

_____

4. Sugerencia o Mandato

_____

5. Sugerencia o Mandato

_____

EXPRESIÓN CULTURAL

Frida Kahlo: La salud y el arte

Antes de leer

"El arte es sobre todo un estado del alma." Marc Chagall

> **Vocabulario pertinente**
>
> **Sustantivos**
>
> | | |
> |---|---|
> | el aborto | _miscarriage_[1] |
> | el aislamiento | _isolation_ |
> | el caracol | _snail_ |
> | el feto | _fetus_ |
> | el hueso pélvico | _pelvic bone_ |
> | la mestiza | _a person of mixed Spanish and indigenous blood_ |
> | la sangre | _blood_ |
>
> **Verbos**
>
> | | |
> |---|---|
> | alentar | _to encourage_ |
> | distar | _to distance oneself; to be far from_ |
> | elogiar | _to praise, to honor_ |
> | inscribir | _to enroll_ |
>
> **Expresiones**
>
> | | |
> |---|---|
> | a lo largo de | _throughout_ |
> | a pesar de | _in spite of_ |
> | torcidos | _twisted_ (adj.) |

_____

[1] **Aborto** can be a _miscarriage_ or an _abortion_. If it's not clear from the context, one might say **aborto espontáneo** for a miscarriage. In Kahlo's case, it was a miscarriage.

3.7 ¿Qué ya sabe de Frida Kahlo?

Paso 1. ¿Sabe Ud. algo sobre la famosa artista Frida Kahlo? Tome esta pruebita.

———— **1.** País natal de Frida Kahlo

    a. México   **c.** España

    b. Alemania   **d.** Estados Unidos

———— **2.** Lugar de origen de su padre

    a. México   **c.** España

    b. Alemania   **d.** Estados Unidos

———— **3.** Lugar de origen de su madre

    a. México   **c.** España

    b. Alemania   **d.** Estados Unidos

———— **4.** Una enfermedad que tuvo de niña

    a. pulmonía°   **c.** polio

    b. sarampión°   **d.** escarlatina°

pneumonia

measles / scarlet fever

———— **5.** Evento importante de 1925

    a. se enfermó   **c.** sufrió un accidente

    b. conoció a su esposo   **d.** viajó a Estados Unidos por primera vez

———— **6.** ¿Qué más sabe de Frida Kahlo y su arte? Escríbalo aquí.

_____

_____

_____

Paso 2. Compare las respuestas con la clase, agregue respuestas diferentes a las del número 6.

Paso 3. Con otra persona, busquen las respuestas en las notas biográficas en la página 68. (No tiene que leer, simplemente elimine cualquier duda sobre las preguntas del **Paso 1.**)

> **¡Fíjese!**
>
> Para repasar cómo hablar sobre el pasado, consulte las secciones **G2.1–G2.3** en las páginas 51–56.

3.8 Conversando sobre la salud.

Paso 1. Conteste las preguntas.

1. De niña, Frida se enfermó de polio. ¿Tuvo Ud. una enfermedad de niño/niña? Explique.

_____

_____

2. Frida tenía una niñez activa a pesar de sus problemas de salud. ¿Era Ud. activa de niña/niño, o prefería las actividades pasivas? Dé ejemplos de las actividades que hacía.

_____

_____

3. Frida sufrió un accidente cuando tenía 18 años. ¿Ha sufrido Ud. un accidente de coche, bicicleta, etc.? Explique.

_____

_____

Paso 2. Hable con otra persona sobre sus repuestas del **Paso 1.** ¿Su salud es similar o diferente a la de Frida Kahlo?

3.9 ¿El arte refleja la vida?

Paso 1. Antes de leer las notas biográficas de Frida Kahlo en la página 68, anote su reacción a las siguientes preguntas.

1. Se dice que el arte refleja la vida. ¿Está Ud. de acuerdo?

2. Observe las siguientes obras y, en una hoja, comente sobre el aspecto de la vida que reflejan. ¿Hay otra obra que, en su opinión, reflee la vida?

Grant Wood, American Gothic, 1930. Friends of American Art Collection, 1930.934. Reproduction, The Art Institute of Chicago. Photography © The Art Institute of Chicago.

Paso 2. Comparta sus opiniones con otra persona de la clase. Anote sus opiniones y cualquier cambio de opinión personal.

_____

_____

_____

3.10 Antes de examinar el arte. La pintura *Henry Ford Hospital* tiene como tema una mujer que ha sufrido un aborto espontáneo.

Paso 1. ¿Cuáles de estas palabras son posibles reacciones de una mujer que acaba de perder a su bebé por aborto espontáneo? Indique su opinión con una *X*.

1. _____ sufrimiento
2. _____ celebración
3. _____ soledad°
4. _____ elogio°
5. _____ dolor

6. _____ paz
7. _____ frialdad
8. _____ aislamiento
9. _____ alegría

loneliness

praise

Paso 2. Compare sus respuestas con otra persona y después con la clase. ¿Hay mucha diferencia entre las respuestas o hay concordancia en las opiniones?

Mientras lee

3.11 Las notas biográficas. Lea las notas biográficas en la página 68 para saber más sobre la vida de Frida Kahlo. Utilizando un marcatextos°, marque los verbos que señalan los hitos° clave de su vida. Al terminar de leer, indique cuál(es) de sus ideas sobre la vida de Frida Kahlo (actividad 3.7, **Paso 1**) eran correctas.

highlighter
highlights

3.12 Comprendiendo la lectura.

Paso 1. El segundo párrafo de las notas biográficas en la página 68 menciona los temas que se reflejan en el arte de Frida Kahlo. Escríbalos aquí.

1. <u>historia personal</u> _____
2. _____
3. _____
4. _____
5. _____

Paso 2. Mientras lee, escriba una oración de resumen para cada párrafo de las notas biográficas de Frida Kahlo.

1. _____
2. _____
3. _____
4. _____
5. _____
6. _____
7. _____

Paso 3. Marque la respuesta correcta. Es posible que haya más de una respuesta correcta para cada oración.

1. Indique cuáles de los siguientes temas Frida Kahlo trata en sus pinturas:
   - ❏ su matrimonio
   - ❏ la historia de su propia vida
   - ❏ la violencia
   - ❏ el dolor
   - ❏ su cosmovisión

2. El padre de Frida...
   - ❏ la cuidaba mientras estaba en cama.
   - ❏ insistió en que permaneciera activa.
   - ❏ quería que estudiara en una buena escuela.

3. ¿Cuáles eran los problemas físicos que ella tenía como resultado del polio y del accidente?
   - ❏ inhabilidad de tener hijos.
   - ❏ un brazo roto.
   - ❏ una pierna herida.
   - ❏ inhabilidad de pintar por mucho tiempo.

4. Frida comenzó a pintar...
   - ❏ después del accidente.
   - ❏ cuando era niña.
   - ❏ cuando conoció a Diego Rivera.

5. ¿Cuáles de las siguientes frases describen su relación con Diego Rivera?
   - ❏ Diego la apoyaba en la carrera.
   - ❏ No se querían.
   - ❏ Frida era infiel.
   - ❏ Diego era infiel.

6. Durante su vida, el arte de Frida Kahlo se exhibió en...
   - ❏ Francia.
   - ❏ México.
   - ❏ Estados Unidos.
   - ❏ Alemania.

A leer

Notas biográficas de Frida Kahlo (1907–1954)

Frida Kahlo

1   Los artistas expresan sus vivencias por medio del arte. La pintora mexicana, Frida Kahlo, sufrió mucho **a lo largo de** su vida. Su biografía cuenta la íntima conexión que existe entre sus experiencias y su arte.

2   Se ha dicho que es imposible separar la vida y la obra de la pintora mexicana Frida Kahlo. Sus pinturas reflejan su historia personal, su relación íntima con su esposo —el muralista mexicano Diego Rivera— su sufrimiento físico y su filosofía de la vida y visión mitológica del mundo.

3   Frida nació de la unión de un inmigrante de Alemania —un fotógrafo judío— y una mexicana de **sangre mestiza**. A la temprana edad de siete años, ella enfermó de polio. La enfermedad la dejó con la pierna y el pie derecho **torcidos**. A pesar de esta deformidad, su padre la animó a participar en deportes y a estar físicamente activa. También, su padre **alentó** su desarrollo intelectual y la **inscribió** en la prestigiosa escuela preparatoria nacional donde ella era una de las 35 mujeres de los 2000 estudiantes matriculados.

streetcar

4   En 1925 Frida sufrió un grave accidente de tranvía°. El impacto hizo que una barra de metal le rompiera el **hueso pélvico** y le atravesara la espina dorsal, dejándola con heridas internas graves. También le dañó seriamente la pierna derecha y la dejó incapacitada para tener hijos. Durante la etapa de su recuperación, ella comenzó a pintar.

5   Frida se casó con Diego Rivera en 1929. **A pesar de** los problemas entre ellos —se divorciaron y se volvieron a casar en 1940— nunca se separaron por mucho tiempo y el amor que sentía Frida por su esposo se refleja en varias de sus pinturas.

6   Kahlo intentó tener hijos en dos ocasiones y cada embarazo resultó en un **aborto** espontáneo. Frida expresó el dolor que sentía después del segundo aborto en 1932 en la pintura *Henry Ford Hospital*. El aborto ocurrió en Detroit y la pintura expresa el **aislamiento** que ella sentía al estar tan lejos de su hogar durante su recuperación.

7   Diego Rivera **elogió** la obra de Frida, aunque **distaba** mucho del estilo y de la temática. Él consideró sus pinturas como «obras maestras» que no tenían antecedente en el mundo por la capacidad de expresar la perspectiva femenina y la crueldad del sufrimiento. Su obra recibió atención internacional con exhibiciones en Nueva York y en París a partir de 1938. En 1954, poco antes de la muerte de Frida, se inauguró la primera exhibición importante de su obra en la Ciudad de México, un hecho que afirmó el reconocimiento de su obra en su país natal.

Henry Ford Hospital, 1932. Mientras Frida estaba en los Estados Unidos con su esposo, Diego Rivera, ella sufrió un aborto espontáneo. Esta pintura expresa el dolor físico y emocional de haber perdido al **feto**.

Después de leer

3.13 Conexión entre el arte y la vida. Suponiendo que el arte sí refleja la vida, ¿cuál es la conexión de *Henry Ford Hospital* con lo que Ud. acaba de leer sobre la vida de Frida Kahlo en las notas biográficas?

Paso 1. Escriba una lista de las conexiones que Ud. notó.

1. _____

2. _____

3. _____

Paso 2. Comparta sus observaciones con otra persona. Anote dos observaciones nuevas para Ud.

1. _____

2. _____

3.14 ¿Cómo expresa Frida Kahlo las emociones? Mire la pintura y observe todos los elementos. Empareje la emoción de la columna **A** con el elemento que lo representa de la columna **B**. Puede haber varias respuestas para cada emoción. Si Ud. cree que se expresa algo no mencionado, escríbalo en el número 9. Consulte un diccionario si es necesario.

A	B
Emociones	**Elementos de la pintura**
1. la tristeza	a. los colores de la obra
2. el aislamiento	b. el torso
3. la soledad	c. el feto humano
4. la pena	d. el caracol
5. el dolor	e. el hueso pélvico
6. la desesperación	f. la orquídea
7. la frialdad	g. la ciudad
8. la lentitud	h. la sangre
9. _____	i. la posición de la mujer
	j. la cama
	k. la máquina de metal

3.15 La posibilidad de hablar con la artista.

Paso 1. Si Ud. tuviera la oportunidad de entrevistar a Frida Kahlo sobre su obra *Henry Ford Hospital*, ¿qué le preguntaría? Escriba tres preguntas. (**Nota:** ¿Le va a hablar de tú o Ud?)

1. _____

2. _____

3. _____

Paso 2. Trabaje con otra persona para escribir dos preguntas más para Frida Kahlo sobre otro aspecto de su vida.

1. _____

2. _____

Paso 3. Un miembro de la clase se pone enfrente de la clase y asume el papel de Frida Kahlo. Los otros miembros de la clase le hacen preguntas, y ella (o él) intenta contestar según lo que diría Kahlo.

3.16 Pensando un poco más sobre la relación entre la vida y el arte. ¿Por qué Frida Kahlo le da tanta importancia al sufrimiento físico en sus pinturas? Escriba una breve narración sobre la conexión entre el arte y la vida de Frida Kahlo. Luego, imagínese que Ud. es pintora/pintor. ¿Qué temas incluiría en su pintura? ¿Por qué? Escriba dos párrafos de aproximadamente 100 palabras en total.

3.17 ¿Es Ud. artista? Imagínese que Ud. quiere expresar su estado de salud actual a través de una pintura. ¿Qué tipo de pintura sería? ¿Cuáles serían los colores principales? ¿Por qué? En una hoja aparte, dibuje, pinte o coloree una representación de su salud. (Puede ser arte abstracto, realista, cubista, etc.) Comparta su obra con la clase.

CONTEXTO GLOBAL

La salud en el trabajo (Honduras)

Anita, Giovani y Pascual con la hermana de Giovani y su hijo, quienes viven con ellos.

Las compañías bananeras han sido una parte importante de la economía de los países centroamericanos por más de 80 años. En el municipio de Olanchito, en el noreste de Honduras, la compañía bananera es el empleador más importante de la región. Vamos a conocer a un matrimonio de Honduras, Giovani y Anita, que trabajan en una de las fincas bananeras en Honduras. El tipo de trabajo y los problemas de salud que tienen son los temas que se tratan a continuación.

Nos presentamos
Datos personales:

Nombre: Giovani

Edad: 35 años

Residencia: Olanchito, Departamento de Yoro, Honduras

Profesión: trabajador manual

Educación: primaria (sexto grado)

Nombre: Anita

Edad: 32 años

Residencia: Olanchito, Departamento de Yoro, Honduras

Profesión: trabajadora manual

Educación: primaria (cuarto grado)

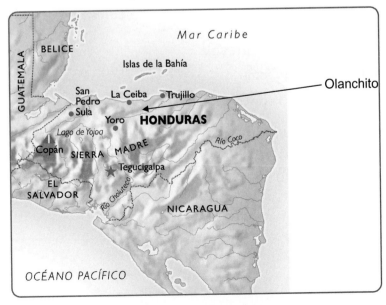

Olanchito está ubicado al sureste de La Ceiba, a dos horas de la costa, en la República de Honduras.

Antes de escuchar

Vocabulario pertinente

Sustantivos

la maleza	*weeds*
la mancha	*blemish, stain*
el racimo	*bunch* (as in bananas or grapes)
el terreno	*field, plot of land*

Verbos

colocar	*to place*
dejar caer	*to drop; to release*
salpicar	*to splash*

3.18 Sinónimos. Escriba la palabra de la lista de vocabulario que tiene un significado similar a las palabras siguientes.

1. propiedad, finca, _____

2. dispersar, rociar, _____

3. instalar, poner, _____

4. grupo, colección, _____

5. falta, marca, _____

¡Fíjese!

G3.2 • Para repasar los pronombres de los objetos directos, consulte la página 84.

3.19 Las bananas y yo.

Paso 1. Ponga una X al lado de las oraciones que son verdades.

1. Las como todos los días. _____

2. No las aguanto. _____

3. Me dan alergia. _____

4. Las como con yogurt. _____

5. Casi nunca las como. _____

6. Las sirven en la cafetería. _____

Nota cultural

¿Se vuelve loco (*Are you going bananas*) al tener que decir *banana* en español? En muchas partes de América Latina se le dice **la banana**, pero en el Caribe se suele oír **el banano**. Para complicar el asunto, **el banano** generalmente se refiere al árbol y no a la fruta. En México, se le dice **plátano** a la *banana*, pero en otras partes **plátano** es *plantain*. Se le dice **guineo** y **seda** también a la **banana**. En fin, ¡hay muchas variedades de bananas y muchas palabras para expresar las variedades!

 Paso 2. Intente contestar sin ayuda y después busque las respuestas en la Web.

¿Qué sabe Ud. de las bananas?

1. El consumo anual de bananas en los Estados Unidos (por persona) es _____.

2. ¿Cómo es el clima donde crecen las bananas? _____

3. El mayor exportador de bananas del mundo es _____.

4. Una banana de tamaño mediano tiene _____ calorías.

5. ¿Cuánto cuesta una libra de bananas en el supermercado donde Ud. vive? _____

6. Otros datos interesantes sobre las bananas (mínimo uno): _____

_____

Sitio web donde encontró las respuestas: _____

Paso 3. ¿Tienen las mismas respuestas?

A escuchar

3.20 Giovani y Anita hablan de su salud y su trabajo. Mientras escucha, hágase una imagen de lo que están diciendo y trate de captar la esencia de la información sin preocuparse de los detalles.

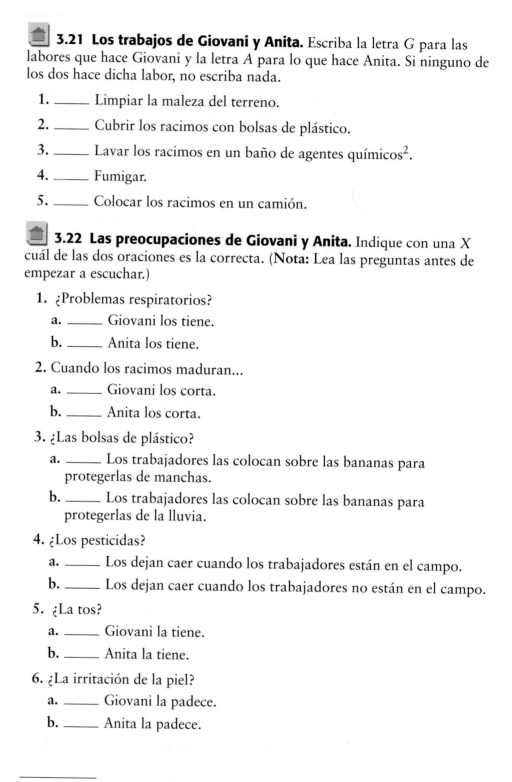

3.21 Los trabajos de Giovani y Anita. Escriba la letra *G* para las labores que hace Giovani y la letra *A* para lo que hace Anita. Si ninguno de los dos hace dicha labor, no escriba nada.

1. _____ Limpiar la maleza del terreno.

2. _____ Cubrir los racimos con bolsas de plástico.

3. _____ Lavar los racimos en un baño de agentes químicos[2].

4. _____ Fumigar.

5. _____ Colocar los racimos en un camión.

3.22 Las preocupaciones de Giovani y Anita. Indique con una *X* cuál de las dos oraciones es la correcta. (**Nota:** Lea las preguntas antes de empezar a escuchar.)

1. ¿Problemas respiratorios?

   a. _____ Giovani los tiene.

   b. _____ Anita los tiene.

2. Cuando los racimos maduran...

   a. _____ Giovani los corta.

   b. _____ Anita los corta.

3. ¿Las bolsas de plástico?

   a. _____ Los trabajadores las colocan sobre las bananas para protegerlas de manchas.

   b. _____ Los trabajadores las colocan sobre las bananas para protegerlas de la lluvia.

4. ¿Los pesticidas?

   a. _____ Los dejan caer cuando los trabajadores están en el campo.

   b. _____ Los dejan caer cuando los trabajadores no están en el campo.

5. ¿La tos?

   a. _____ Giovani la tiene.

   b. _____ Anita la tiene.

6. ¿La irritación de la piel?

   a. _____ Giovani la padece.

   b. _____ Anita la padece.

---

[2]In Spanish, **químico** is an adjective and has to be used with a noun such as **agente** or **producto**.

7. ¿Los guantes?

    a. _____ Anita los usa.

    b. _____ Anita no los usa.

8. ¿El asma?

    a. _____ Pascual lo sufre.

    b. _____ Anita lo sufre.

9. ¿Los beneficios del plan médico de salud?

    a. _____ La compañía se los ofrece a todos sus trabajadores.

    b. _____ La compañía no se los ofrece a sus trabajadores.

10. ¿La esperanza para el futuro?

    a. _____ Anita la tiene, a pesar de que no hay trabajo sin las plantaciones bananeras.

    b. _____ Anita la tiene, porque hay trabajo sin las plantaciones bananeras.

Después de escuchar

3.23 ¿Hay soluciones para los problemas?

Paso 1. Escriba los problemas de Giovani, Anita y Pascual e indique las causas.

Paso 2. Con otra persona, piense en posibles soluciones para los problemas. (**Nota:** Escriba las soluciones en el infinitivo.)

Problemas de salud de Giovani, Anita y Pascual	Causa	Posibles soluciones
Pascual tiene asma.	Respira los pesticidas porque su casa está cerca de la plantación.	Buscar otra casa. Comprar un inhalador.

Paso 3. Ahora comparen sus soluciones con las de otra pareja. Escriban las razones por las cuales son prácticas o no sus soluciones para esta familia.

Posibles soluciones	¿Es práctica o no? ¿Por qué?
Buscar otra casa.	No es muy práctica porque las casas son caras.

3.24 La salud de la clase.

Paso 1. En el gráfico a continuación, escriban sus problemas (actuales o recientes), las causas y las soluciones. El vocabulario a continuación le puede ser útil.

Vocabulario útil

la clínica de salud	*health clinic*
el consultorio médico	*doctor's office*
la diabetes	*diabetes*
el dolor de estómago/cabeza	*stomachache, headache*
la infección	*infection*
la jaqueca/migraña	*migraine*
la resaca	*hangover*
toser	*to cough*

Problemas de salud	Causa	Posibles soluciones
Yo tengo dolor de cabeza.	No dormí lo suficiente anoche.	Tomar una aspirina. Dormir más.
Mike tiene tendinitis.	Juega al tenis.	Tomar aspirina u otro antiinflamatorio. Hablar con la entrenadora o el médico.

Paso 2. Una persona escribe en los problemas en la pizarra. Como clase, hablen de las diferentes situaciones de los trabajadores de las plantaciones bananeras en Honduras.

¡Fíjese!

G3.4 • Antes de empezar este ejercicio, consulte la página 90.

3.25 Un resumen y reflexión. Escriba su reacción (de aproximadamente 90 palabras) de lo que aprendió sobre la situación en Honduras. Explique brevemente la situación, el enfoque principal debe ser su reacción. Incluya sus emociones y posibles acciones o soluciones a las dificultades.

3.26 Una investigación: ¿Cómo podemos responder? Ya que Ud. conoce la situación y los problemas de salud de Giovani y Anita, ¿qué pueden hacer ellos para mejorar su situación? Primero, hay que leer información actual de la situación de los trabajadores en las bananeras en Honduras y otros países de América Latina. Siga los siguientes pasos para enterarse de lo que ocurre hoy en día.

Paso 1. Dole es una de la compañías estadounidenses que opera muchas plantaciones bananeras en América Latina. Visite la página www. pearsonhighered.com/dialogos y sigua los enlaces para el sitio web de Dole. Busque información específica sobre sus operaciones en América Latina y la relación que tiene Dole con sus trabajadores.

Paso 2. Hay sitios web que reportan los abusos que sufren los empleados de grandes compañías, como por ejemplo Co-Op America. Visite la página www.pearsonhighered.com/dialogos y sigua los enlaces para el sitio web de Co-Op America. Busque acciones legales en contra de otras compañías internacionales. Co-Op America ofrece información sobre cómo Ud. puede apoyar a los empleados por medio de cartas de apoyo y otras acciones.

REFLEXIÓN

La responsabilidad de las compañías para con la salud de sus empleados. En la sección *Contexto Global*, conocimos a una familia representativa de personas en el mundo que no tienen seguro de salud, sin embargo sus enfermedades están vinculadas a las condiciones de trabajo. Ud. va a escribirle una carta formal a la Señora Olivia Hernández, Directora de operaciones de la compañía bananera en Olanchito. En su carta, explíquele los problemas que enfrentan los trabajadores en cuanto a su salud y sugiérale los cambios que la compañía pudiera hacer para mejorar la salud de sus trabajadores. Ésta es una carta persuasiva, así que Ud. necesita apoyar sus recomendaciones con información reciente y datos actuales.

Antes de escribir

3.27 ¿La compañía bananera tiene responsabilidad de tratar mejor a sus empleados? Mire de nuevo al **actividad 3.23** a las causas y posibles soluciones de los problemas de la familia en Honduras.

👥 **Paso 1.** Rescriba los problemas de salud que los trabajadores de la plantación bananera tienden a padecer por las condiciones laborales.

1. _____

2. _____

3. _____

4. _____

5. _____

6. _____

👥 **Paso 2.** Ahora, piense en las soluciones. Escriba seis cambios que la compañía bananera pudiera implementar para mejorar las condiciones laborales y saludables de sus empleados.

1. _____

2. _____

3. _____

4. _____

5. _____

6. _____

3.28 Unos apuntes más. Después de hacer las actividades en clase, consulte la lista de soluciones de la actividad 3.26, **Paso 2.** Escriba tres de ellas y anote de manera formal las sugerencias a la Señora Hernández, Directora de operaciones de la compañía bananera.

MODELO: Problema: <u>Las empleadas necesitan guantes nuevos</u>.

Sugerencia: <u>Le pido a Ud. que encuentre la manera de proporcionarles guantes nuevos cada mes a las empleadas que lavan los racimos</u>.

1a. Problema: _____

1b. Sugerencia: _____

2a. Problema: _____

2b. Sugerencia: _____

3a. Problema: _____

3b. Sugerencia: _____

A escribir

🏠 **3.29 El bosquejo de mis ideas.** El bosquejo es opcional para esta carta.

3.30 El primer borrador. En esta carta formal, Ud. va a hacer sugerencias a una persona desconocida. Es una situación delicada. En primer lugar, no se olvide de usar la forma «Ud.» para mostrar respeto. En segundo lugar, para dar recomendaciones, no va a usar los mandatos (es muy directo) sino el subjuntivo.

Paso 1. Siga estas sugerencias para escribir el primer borrador de la carta. Una carta formal a la compañía bananera.

> Señora Olivia Hernández, Directora de Operaciones
> Compañía Bananera de Olanchito
> Departamento Yoro
> Honduras, Centroamérica

> Fecha (día) de (mes) de (año)

> Estimada Sra. Hernández:

> **Párrafo 1.** En este párrafo presente y explique los motivos de su carta.

> **Párrafo 2.** Ofrezca su punto de vista y los cambios recomendados.

> **Párrafo 3.** Haga recomendaciones para mejorar la situación. Es importante explicar las ventajas para los dos bandos: la compañía y los trabajadores. También, agradezca la buena voluntad de la compañía.

> Sinceramente,

> Su nombre

Paso 2. Revisión. Intercambie el borrador con otra persona de clase. Ayúdense con el contenido primero y la gramática después.

3.31 La composición. Cuando la profesora/el profesor haya examinado el borrador o le diga que está bien, escriba la versión final.

Después de escribir

Repase su trabajo final. Utilice esta lista para evitar errores comunes y mejorar su carta:

- Pase el corrector ortográfico
- Examine los sustantivos: ¿Todas las palabras que lo modifican tienen el mismo género (femenino, masculino) y número (plural, singular)?
- Examine los verbos: ¿Concuerdan con los sujetos? ¿Ha usado el tiempo que expresa lo que quiere decir?
- Revise los acentos, los márgenes, el título, el encabezamiento y los otros detalles que la profesora/el profesor le haya pedido.

AMPLIANDO EL CONOCIMIENTO CON EXPERIENCIA

Servicio: La salud en mi comunidad

Busque una clínica pública en su condado o ciudad, por ejemplo, La Cruz Roja Americana (*American Red Cross*) u otra organización que ofrezca servicios de salud a clientela de habla hispana. Llame a la coordinadora/el coordinador de voluntarios y ofrezca sus servicios como asistente en la administración de la vacuna contra la gripe (*flu shot assistant*) u otros servicios. Dígale que Ud. habla algo de español y le gustaría trabajar en una zona donde haya mejor probabilidad de tener contacto con hispanohablantes.

Aplicación: Una visita a la clínica de salud pública

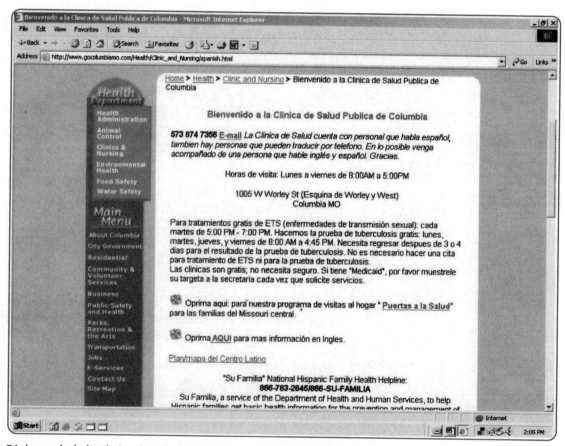

Página web de la Clínica de Salud Pública de Columbia, Missouri

3.32 Preparación. Visite el sitio web de la clínica de salud pública en Columbia, Missouri, que aparece a continuación. Busque la siguiente información en el sitio y responda las preguntas.

1. ¿Cuáles son las horas de visita?

2. ¿En qué día de la semana se puede recibir tratamiento de enfermedades de transmisión sexual (ETS)?

3. ¿Es necesario tener seguro médico para recibir tratamiento?

4. ¿Cuánto cuesta una visita a la clínica?

Ahora, vuelva a los problemas que compartió con sus compañeros en la actividad 3.23. De la lista que prepararon, ¿qué problemas de salud se pueden tratar en esta clínica?

3.33 La visita a la clínica de salud pública.

Paso 1. Hay tres maneras de efectuar esta visita. Su clase puede ir en grupo a la clínica para hacer un visita y entrevistarse con la directora/el director, o ella/él puede visitar a su clase. Si estas dos opciones no son posibles, su clase puede hacer una visita virtual del sitio Web de la clínica que sirve a la gente de su condado.

Paso 2. Durante la visita Ud. debe obtener la siguiente información:

- Dirección de la clínica
- Horas de visita para los clientes
- Los objetivos (o la misión) de la clínica
- Servicios ofrecidos por la clínica
- El precio de los servicios
- Idiomas hablados en la clínica (además del inglés)
- Requisitos para recibir ayuda médica
- Fuente de fondos para la clínica

Haga un resumen de la información recibida. Después responda a la pregunta: ¿Es importante tener una clínica pública en su ciudad? ¿Por qué?

EXPLICACIONES GRAMATICALES

G3.1 El imperativo

Also called **los mandatos** or *commands*, the imperative is not a different tense from the verb forms you have learned so far, but a different *mood*. Mood, or **modo** in Spanish, is a grammatical concept that demonstrates how the speaker (or writer) perceives the action or state. Up until now, the verbs you have seen and used have been in the indicative mood, which simply *declares* something. The force behind the imperative mood is an attempt for the speaker to influence the listeners by *commanding* them to do or refrain from doing something. Sometimes the word *command* can seem harsh, like an irrefutable order, but in everyday use, it doesn't necessarily sound that way. If you leave a voicemail for someone that says, "Wait for me in the library. I'm running a little late," the command (wait) could be phrased as a question (Would you wait for me . . . ?), but is not impolite in the former expression. Likewise in Spanish you might say, **"Espérame en la biblioteca. Se me hace tarde."**

Commands are spoken directly by one person or persons to another person or group of people. The individual or individuals receiving the command are simply "you" in English, but in Spanish, you have to determine if "you" is **tú** or **Ud.**, and if you are talking to more than one person (**Uds.**). Also, it matters whether you are telling them to do something or not to, as we shall see.

G3.1A Los mandatos de *Ud./Uds.*

When you address a person with whom you are on an **Ud.** basis or there are a group of people (**Uds.**), the imperative is formed using the following steps:

Steps to forming the affirmative *Ud./Uds.* command	*-ar* example	*-er* example
1. Start with the infinitive.	respirar	poner
2. Form the first-person singular, present.	respiro	pongo
3. Drop the -o.	respir-	pong-
4. Add the "opposite" ending (that is, **-a** if it's an **-er** or **-ir** verb or **-e** if it's an **-ar** verb).	respire	ponga
5. Make sure the verb agrees with the subject (in other words, add an **-n** if it's **Uds.**).	respiren (Uds.)	pongan (Uds.)

If you are telling someone not to do something, all you have to do is put **no** in front of the verb.

Verb	*Yo* form	Base form (with "opposite" ending)	*Ud./Uds.* command (affirmative)	*Ud./Uds.* command (negative)
hablar	hablo	hable	hable/hablen	no hable/no hablen
correr	corro	corra	corra/corran	no corra/no corran
tomar	tomo	tome	tome/tomen	no tome/no tomen
conducir	conduzco	conduzca	conduzca/conduzcan	no conduzca/ no conduzcan

See **G3.2** for the placement of object pronouns (such as **la** or **lo**).

G3.1B Los mandatos de *tú*

When you address a person with whom you are on a **tú** basis and you are telling them what not to do (the **negative tú** command), follow the same steps as the Ud. commands (section **G3.1A**) but in step 5, add an **-s** instead of an **-n** as in the following examples.

Steps to forming the negative *tú* command	*-ar* example	*-er* example
1. Start with the infinitive.	no respirar	no poner
2. Form the first-person singular, present.	no respiro	no pongo
3. Drop the -o.	no respir-	no pong-
4. Add the "opposite" ending (that is, **-a** if it's an **-er** or **-ir** verb or **-e** if it's an **-ar** verb).	no respire	no ponga
5. Add an **-s**.		
6. Make sure the verb agrees with the subject (in other words, add an **-s** since it's tú)	no respires	no pongas

Affirmative **tú** commands are ***not*** formed the same way as the **Ud./Uds.** and negative **tú** forms. Rather, they are simply the third-person singular of the present tense indicative verb. So, basically, the indicative does double duty.

If you are on a **tú** basis with someone and you want to get them to look or run, you simply shout: **¡Mira!** or **¡Corre!** Examples:

Verb	3rd person singular (present indicative)	*Tú* command (affirmative)	*Tú* command (negative)
conducir	conduce	conduce	no conduzcas
dejar	deja	deja	no dejes
inscribir	inscribe	inscribe	no inscribas
toser	tose	tose	no tosas

Some of the most frequently used affirmative **tú** commands have irregular forms. The negative of these commands reverts to the subjunctive form, as shown below.

Verb	*Tú* command (affirmative)	*Tú* command (negative)
decir	di	no digas
hacer	haz	no hagas
ir	ve	no vayas
poner	pon	no pongas
salir	sal	no salgas
ser	sé	no seas
tener	ten	no tengas
venir	ven	no vengas

Summary of command forms in chart form

(Gray shade indicates forms that have the same base form. The odd one is the affirmative **tú**, which is simply the third-person singular of the present tense.)

mirar	negative	affirmative
tú	no mires	mira
Ud./Uds.	no mire/no miren	mire/miren

G3.2 Los pronombres de los complementos directos

First, let's clarify a few things about direct objects. When trying to identify the direct and indirect objects in a sentence, the order in which the words appear will help. Word order can be a clue about the grammatical role words have, especially in English.

> Pascual ate the bananas.   The bananas ate Pascual.

To simplify let's say a basic sentence reports WHO does WHAT.

Subject — the doer (WHO)

Direct Object — the done to (WHAT)

Identifying the subject (or doer) in Spanish

- In Spanish, subjects are often, but not always, before the verb.
  Pascual come bananas.
- Subjects can occur to the right of the verb, especially in a question.
  ¿Come **Pascual** bananas?
- Subjects are omitted when they are obvious or easily understood (which is often).
  Come bananas.
- The subject isn't always exactly a doer; sometimes it's a HAVE-er (Pascual has too many bananas) and sometimes it's a BE-er (The conditions are unsafe).

Identifying the direct objects (or the thing or person done to) in Spanish

Direct objects receive the action of the verb and are usually found <u>after</u>[3] the verb

> Frida pintó muchas obras.
>
> Sus padres construyeron la casa azul.

However, when the subject jumps over the verb to be after the verb (often the case with questions in Spanish), the direct object can go either before or after the subject.

> ¿Come **Pascual** bananas?
>
> ¿Come bananas **Pascual**?

This isn't as complicated as it sounds as far as understanding the sentence, because you use your good sense to know that Pascual eats bananas and not the other way around.

The *a* personal

In Spanish when the direct object is a person or another being, such as an animal, that could possibly be mistaken for the subject of the verb, an **a**

---

[3]The direct object can occur at the beginning of the sentence, but when it does so, it takes on an extra focus and requires a matching (in gender and number) pronoun. Here's an example, but don't worry too much about this right now. **El terreno lo limpia Giovani.**

is placed before the direct object. Because Spanish word order is flexible, this *a* **personal** helps to distinguish the role of the person in the sentence as the one who receives the action of the verb.

Mi abuela invitó a su vecina a tomar té.	*My grandmother invited her neighbor to tea.*
Mi tío llamó a su novia anoche.	*My uncle called his girlfriend last night.*
Carmen golpeó a Gil.	*Carmen hit Gil.*

In the third example, the only way to know that Carmen hit Gil, and not the other way around, is the use of the *a* **personal**. This is a feature that is not necessary in English because the actor and the person receiving the action are made clear by word order in the sentence.

Life without direct-object pronouns would be very repetitive as the following example illustrates.

> I got a new guitar yesterday and called an instructor to set up a lesson. She asked me if I had a guitar. When I said yes, she said to be sure to bring the guitar to the first class. She said she would look at the guitar and teach me how to hold the guitar as well as how to play the guitar.

What word would you use to replace the repetitiveness in the paragraph about the guitar? In the paragraph below write the word you would substitute for the deleted words.

> I got a new guitar yesterday and called an instructor to set up a lesson. She asked me if I had a guitar. When I said yes, she said to be sure to bring _____ to the first class. She said she would look at _____
>
> and teach me how to hold _____ as well as how to play _____.

Would you substitute the same word for the crossed out words if the musical instrument being talked about was a piano? What word (pronoun) would you use if you were substituting for the word *cymbals*?

When the direct object is understood from the context, it cannot be omitted (like the subject), but rather *substituted for by a pronoun* or complement. In Spanish there are more direct-object pronouns than in English because we have to consider gender (feminine and masculine) and number (plural and singular):

The direct object that substitutes for **la guitarra** is **la** (feminine singular).

The direct object that substitutes for **el piano** is **lo** (masculine singular).

The direct object that substitutes for **los platillos** (*cymbals*) is **los** (masculine plural). And for **las castañuelas** (*castanets*), it's **las** (feminine plural).

Sometimes the direct object is a person or persons. Note the following examples of persons as direct objects:

1. Anita tuvo Pascual cuando tenía 25 años. Aunque Pascual es travieso y no le gusta tomar la medicina, Anito <u>lo</u> quiere. (*Anita had <u>Pascual</u>*

when she was 25. Although Pascual is mischievous and doesn't like to take his medicine, Anita loves him.)

2. Pascual cree que sus padres son muy exigentes. Los respeta, pero le gustaría jugar al aire libre con más frecuencia. (*Pascual thinks his parents are too strict. He respects them, but he would like to play outside more.*)

3. Te quiero. (*I love you.*)

4. Me quieres. (*You love me.*)

5. Anita y yo hablábamos cuando Pascual nos interrumpió. (*Anita and I were talking when Pascual interrupted us.*)

Direct-object pronouns	
Me	when the object is me
Te	when the object is you
La	when the object is a singular feminine thing or person
Lo	when the object is singular masculine thing or person
Nos	when the object is us
Os	when the object is you plural (in Spain) as in *you all* or *you guys*
Las	when the object is a plural feminine thing or person
Los	when the object is a plural masculine thing or person

Location of the direct object when it's a pronoun

Remember, the direct object (as a noun phrase) generally comes after the verb in Spanish. However, when the direct object is a pronoun, it usually comes right before the conjugated verb.

Pascual toma la medicina.	*Pascual takes the medicine.*
Pascual la toma.	*Pascual takes it.*
Mi mamá me quiere.	*My mom loves me.*

In a negative construction the **no** comes before the direct-object pronoun and the verb. Nothing separates the direct-object pronoun and the verb.

Tu gato no te quiere.	*Your cat does not love you.*

Placement of direct-object pronouns

When the direct object is in pronoun form (**me, te, la, lo, nos, os, las, los**), it is placed according to the following rule:

THE RULE for object placement: Place the object pronoun before the conjugated verb.

¿Donde están las bananas? Pascual **las** comió.

Te vi ayer en la fábrica.

Ancillary to THE RULE: If it's an infinitive or a progressive form (-**ando** or -**iendo** in Spanish), then you have the option of connecting the object right to the end of the verb in one of these two forms.

1. Option that follows THE RULE:

   ¿Dónde están las bananas? Anita las está lavando.

2. Option that follows the ancillary:

   ¿Dónde están las bananas? Anita está lavándolas.

The one special case that does not follow THE RULE, but rather that treats the ancillary as the rule

With affirmative commands (telling someone to do something) the verb is always first, and any pronouns (direct, indirect, or reflexive) are attached. In negative commands (telling someone **not** to do something) the negation (**no**) and the pronouns precede the verb, as in the examples in parentheses below.

	Mandatos afirmativos	Mandatos negativos
Tú	Come estas verduras. (Cómelas.)	No comas mi postre. (No lo comas.)
Ud.	Coma estas verduras. (Cómalas.)	No coma mi postre. (No lo coma.)
Uds.	Coman estas verduras. (Cómanlas.)	No coman mi postre. (No lo coman.)

G3.3 ¿Qué es el subjuntivo? Una explicación del presente del subjuntivo (What is the subjunctive? An explanation of the present subjunctive)

The subjunctive is not a tense (a time marker) but a mood. Recall from **G3.1** that the imperative is also a mood, which is an attitude or perspective marker. The verb forms you have learned prior to the imperative and the subjunctive (that is, the present, the preterit, and the imperfect) are in the indicative mood. The following example is indicative:

Indicative mood, present tense: **Trabajo** de lunes a sábado.

Indicative mood, past tense (preterite): **Trabajé** por siete horas ayer.

The indicative is simply information in this form, and the use of the present indicative **trabajo** (*I work*) lets us know something we may not have known before. However, if I or someone else wants to impose influence on, express emotion or opinion, question the existence of doubt, deny this information, express an action that is pending (following certain time expressions), or suggest possibility, the *subjunctive* mood may be invoked. The subjunctive will appear in the dependent clause (usually the second clause and often begins with **que** in Spanish) of a compound sentence, as it is in the following example:

La jefa quiere que yo **trabaje** el domingo también.

Follow the same steps to form the subjunctive as you did the imperative (**G3.1**). Let's say we want the **Uds.** form of the verb **pensar**.

1. Take the first-person singular of the present tense (the **yo** form): **pienso**

2. Drop the -o: **piens-**

3. Add the "opposite" ending (that is, **-ar** verbs take -e endings and **-er/-ir** verbs take -a endings): **piense**

4. Add endings so the verb agrees with the subject: **piensen**

Verb	*Yo* (present indicative)	*Yo* (subjunctive)
comer	como	coma
empezar	empiezo	empiece
pintar	pinto	pinte
venir	vengo	venga

Notice how when the **yo** form is irregular in the present indicative, the irregularity is retained in all of the subjunctive forms.

All verbs in the present subjunctive follow this rule except verbs that do not end in **-o** in the present indicative. These are considered irregular.

Verb	*Yo* **(present indicative)**	*Yo* **(subjunctive)**
dar	doy	dé
estar	estoy	esté
haber	he	haya
ir	voy	vaya
saber	sé	sepa
ser	soy	sea

Verbs that change from **-o** to **-u** in the stem and end in **-ir** have an additional irregularity in their subjunctive conjugation, as is noted below:

Dormir			
yo	duerma	nosotros	durmamos
tú	duermas	vosotros	durmáis
ella/él, Ud.	duerma	ellas/ellos, Uds.	duerman

Note that certain -ar verbs will require a spelling change in the subjunctive in order to maintain the original pronunciation of the consonant preceding the ending.

- Verbs such as **buscar** that end in -co in the **yo** form will change from c → qu (**busco** → **busque**).
- Verbs such as **llegar** that end in -go in the **yo** form will change from g → gu (**llego** → **llegue**).
- Verbs such as **gozar** that end in -zo in the **yo** form will change from z → c (**gozo** → **goce**).

Here are some examples of how the subjunctive is used.

Influence	Sugiero que los empleados no **trabajen** cuando los pesticidas caigan del avión.
	I suggest that the employees don't work while pesticides are falling from the plane.[4]
Emotion/Opinion	Es terrible que la compañía no **proporcione** mejores guantes para Anita.
	It's terrible that the company doesn't provide better gloves for Anita.
Lack of or questionable existence	¿Hay alguien en Olanchito que **piense** en el futuro con esperanza?
	Is there anyone in Olanchito that thinks about the future with hope?
Doubt/Denial	No creo que **haya** muchas opciones.
	I don't think there are many options.
Possibility	Es probable que **estés** cansado por haber trabajado demasiado.
	It's likely you are tired because of having worked too much.
Future action (following certain time expression)	Vamos a visitar a tu abuela cuando **te sientas** mejor.
	We'll go visit your grandmother when you feel better.

G3.4 El presente del subjuntivo para expresar influencia, emoción y opinión (The present subjunctive used to express influence, emotion, and opinion)

In this section, we will look at the subjunctive as it is used to express influence, emotion, and opinion.

---

[4]The first verb, **trabajen**, is required because of the influence exerted by the verb **sugiero** in the main clause. The second verb, **caigan** (from **caer**), is in the subjunctive because of the projection into the future suggested by the conjunctive expression **cuando**.

Influence

Verbs of influence are sometimes called "softened commands." This is because they are used to make requests more polite and palatable. The effort to get someone else to do something or to get something to happen is often constructed with a compound sentence where the independent clause expresses a verb of influence and the dependent clause expresses the desired action or outcome. Again, the emphasis is on the attempt to influence; thus, the dependent clause will be expressed with the subjunctive mood.

> La médico prohíbe que los niños tomen aspirina. Prefiere que tomen otro tipo de aliviante.

Some common verbs and expressions of influence:

Personalized	Generalized
querer	Es importante que
desear	Es prohibido que
prohibir	Es recomendable que
recomendar	Es necesario que
sugerir	Es aconsejable que
aconsejar	
permitir	

Emotion or opinion

When the verb in the independent clause is a verb of emotion or opinion, the verb in the dependent clause will be in the subjunctive, because the emphasis is on how the speaker feels about the information, and not on the information.

> Es triste que tu tía sufra de cáncer. Siento que ella no pueda trabajar.

Some commonly used verbs and expressions to express emotion or opinion:

Personalized	Generalized
sentir que	Es/Qué triste que
alegrarse de que	Es/Qué emocionante que
enojarse de que	Es/Qué bueno que
gustarle que	Es una lástima

Entre la vida y la muerte

En este capítulo dialogamos sobre nuestras experiencias personales con la muerte y el tratamiento de la muerte en la literatura. También vamos a aprender de las creencias espirituales que se relacionan con la observación del Día de los Muertos en México y la Semana Santa en Guatemala. La muerte es parte de la vida, y es vital permitirles a las personas una muerte digna.

Enfoques

- Examinamos el tema de la muerte.
- Consideramos nuestra relación con las cosas por medio de la poesía de Jorge Luis Borges, poeta argentino.
- Aprendemos de las celebraciones religiosas que incluyen la muerte: El Día de los Muertos en México (otoño) y la Semana Santa en Guatemala (primavera).
- Escribimos sobre una experiencia personal con la muerte.
- Participamos en la campaña de Amnistía Internacional para combatir la violencia contra las mujeres.

CONEXIÓN PERSONAL

Mis experiencias con la vida y la muerte

¡Fíjese!
Esta actividad emplea el presente perfecto en **G4.1** y **G4.2**, páginas 117–118.

4.1 No has vivido hasta que... Antes de hablar sobre la muerte, hablemos de la vida y de lo que hemos logrado. Este «test» nos hace pensar un poco en lo que hemos hecho hasta la fecha.

Paso 1. Conteste las siguientes preguntas según sus experiencias.

	Sí	No
1. ¿Has trabajado en una finca?	☐	☐
2. ¿Has tocado el saxofón?	☐	☐
3. ¿Has viajado a Europa?	☐	☐
4. ¿Has tenido un pájaro de mascota?	☐	☐
5. ¿Has comido pulpo?	☐	☐
6. ¿Has bailado con un grupo folklórico?	☐	☐
7. ¿Has pasado la noche en un aeropuerto?	☐	☐
8. ¿Has corrido en un maratón (de 26.2 millas)?	☐	☐
9. ¿Has hablado por teléfono en español?	☐	☐
10. ¿Has comprado una casa?	☐	☐
11. ¿Has trabajado en una biblioteca pública?	☐	☐
12. ¿Has visto una película filmada en la India?	☐	☐
13. ¿Has acampado en las montañas?	☐	☐
14. ¿Has visto un tornado o huracán?	☐	☐
15. ¿Has dado una presentación en un congreso°?	☐	☐

°conference

Paso 2. Piense en una de las preguntas del **Paso 1** que «tiene una historia». Escriba una breve versión (un párrafo) de la historia.

Paso 3. Comparta su historia del **Paso 2** con otra persona y después, piensen en dos o tres preguntas adicionales que le gustaría hacerles a las compañeras/los compañeros de clase.

Paso 4. Háganles las preguntas a varios compañeros de clase.

¡Fíjese!
Para repasar cómo narrar en el pasado y usar el pretérito y el imperfecto, consulte la sección **G2.3** en la página 54.

¡Fíjese!
Para escribir estas preguntas usando el presente perfecto, consulte la sección **G4.2** en la página 118.

Vocabulario útil

Sustantivos

el camposanto	*cemetery*
la capilla fúnebre	*funeral chapel*
el entierro	*burial*
la mascota	*pet*
el período de luto	*period of mourning*
el velorio	*wake; viewing*

4.2 Pensando en mi propia experiencia: La muerte.

Paso 1. Ponga un círculo en la respuesta que corresponde a su experiencia. Algunas requieren información personal en el espacio en blanco.

1. Un funeral de un miembro de mi familia
   a. He ido una sola vez.
   b. He ido varias veces.
   c. Nunca he ido a un funeral.

2. El cementerio
   a. He visitado un cementerio.
   b. Nunca he visitado un cementerio.

3. El período de luto
   a. Observé un período de luto cuando murió _____.
   b. He observado un período de luto en varias ocasiones.
   c. Nunca he observado un período de luto.

4. El velorio de un difunto
   a. Fui a un velorio por primera vez en el año _____.
   b. Nunca he estado en un velorio.

5. La muerte de una mascota
   a. Mi _____ murió en el año _____.
   b. Ninguna mascota mía se ha muerto.

6. La muerte de una amiga/un amigo
   a. _____ murió en el año _____.
   b. Ningún amigo míos se ha muerto.

7. La capilla fúnebre
   a. He estado en una capilla fúnebre.
   b. Nunca he estado en una capilla fúnebre.

8. Un entierro en un camposanto
   a. Fui al entierro de _____.
   b. He asistido a varios entierros en un camposanto.
   c. Nunca he asistido a un entierro en un camposanto.

Paso 2. Comparta sus experiencias con una pareja. ¿Han tenido experiencias similares en cuanto a la muerte?

4.3 Examinando mis emociones y creencias sobre la muerte.

Paso 1. Tómese unos minutos para pensar en lo que ha aprendido sobre la muerte a lo largo de su vida y lo que realmente piensa sobre ella. Después, conteste las preguntas.

1. En su experiencia, ¿la muerte es un tema que se trata con frecuencia en las conversaciones? ¿Por qué sí o no?

2. ¿Qué siente cuando piensa en la muerte?

3. ¿Hay vida después de la muerte? Si cree que sí, ¿cómo será?

4. Traiga a la clase un poema, un dibujo, un recorte del periódico o una revista, una foto o cualquier otro visual que represente sus sentimientos o pensamientos sobre la muerte. Venga preparado para compartir sus impresiones.

Paso 2. Comparta con una pareja sus creencias y sentimientos sobre la muerte. Después comparta el visual que ha traído a la clase. Explique el significado.

> **¡Fíjese!**
> Actividad 4.4 y 4.5 usan los participios pasados como adjetivos, lo cual se explica en **G4.1**, página 117.

4.4 Conceptos de la muerte. ¿De dónde vienen nuestras costumbres y pensamientos sobre la muerte y lo que sucede después de la muerte? Indique cuál de los siguientes medios —el arte, las películas, la religión u otras fuentes— le ha informado a Ud. sobre el concepto que tiene de la muerte.

ELEMENTOS ASOCIADOS CON LA MUERTE	el arte clásico	las películas/ la televisión	la religión	otro
ángeles desnudos				
cuerpo cubierto con una sábana				
gente triste				
cuerpos descompuestos				
un querubín tocando un arpa				
gritos desesperados				
horas tranquilas con seres queridos				
pavor				
pastos delicados				
personas heridas				

Vocabulario pertinente

Sustantivos

la herida	*wound; injury*
el tesoro	*treasure*

Verbos

compartir	*to share*
firmar (firmado)	*to sign (signed)*
repartir	*to distribute*
resolver (resuelto)	*to resolve (resolved)*
revelar	*to reveal*

4.5 ¿Tiene Ud. los preparativos hechos? Es buena idea pensar de antemano qué quiere uno en el evento inesperado de la muerte.

Paso 1. ¿Ya ha pensado Ud. en las cosas que quiere precisar° antes de fallecer°? Ponga las preguntas de la siguiente lista según el orden de importancia para Ud.

specify
die

¿Están atados° los cabos sueltos°?

tied up
los cabos... loose ends

Asuntos médicos/legales

_____ formulario de Directiva Anticipada° firmado

Directiva... advance directive

_____ testamento° escrito y certificado por notario

will

Asuntos personales

_____ diferencias familiares resueltas

_____ tesoros familiares repartidos

_____ memorias compartidas con la siguiente generación

_____ secretos revelados

_____ antiguas heridas perdonadas

_____ rencor° abandonado

resentment

Paso 2. Comparta sus respuestas con otra persona. Si no tienen el mismo orden, explíquense las diferencias.

MODELO: *Yo puse «rencor abandonado» primero porque creo que es importante no tener malos pensamientos hacia otra persona.*

4.6 Explorando el tema: La muerte en el arte. La muerte es un tema expuesto en las artes —danza, escultura, teatro, pintura, música, etc. En la página 97 hay cuatro representaciones distintas de la muerte. ¿Reconoce algunas de estas obras?

Paso 1. Mire las cuatro obras a continuación. ¿Cuál de éstas le llama la atención? ¿Por qué? Escoja una y busque más información sobre la obra en el Internet.

Sitio(s) del Internet consultado(s): _____

Nombre de la obra: _____

Fecha: _____

Un poco de la historia/la inspiración: _____

¿Qué aspectos de la muerte representa para Ud.? _____

_____

Guernica, Pablo Picasso, 1937, Madrid, España

«La Carta de la Muerte»

La resurrección de Cristo, siglo XIV. París, Francia

El 3 de mayo de 1808 en Madrid, Francisco José de Goya y Lucientes, 1814, España

👥 **Paso 2.** Comparta lo que ha aprendido. Elija a alguien que <u>no</u> haya investigado la misma obra. Escriba la información que ella/él le da de otra obra.

Nombre de la obra: _____

Fecha: _____

Un poco de la historia/la inspiración: _____

¿Qué aspectos de la muerte representa para ella/él? _____

💻 **4.7 El funeral típico de mi familia.** Escriba un resumen breve (de 60 a 75 palabras) sobre las costumbres relacionadas con la muerte en su familia. Use el vocabulario de las actividades anteriores y los temas que hemos tratado para explicar las costumbres de su familia en cuanto al velorio, el funeral, el entierro y el luto.

EXPRESIÓN CULTURAL

«Las cosas», Jorge Luis Borges

Antes de leer

Vocabulario pertinente

Sustantivos

el bibliotecario	*librarian*
el clavo	*nail*
la cerradura	*lock*
el gusto	*pleasure*
el llavero	*key ring*
los senderos	*paths*
la vista	*vision*

Adjetivos

ciega	*blind*
tardía	*belated*

Verbos

durar	*to last*
proponer	*to propose*

Expresiones

debido a	*owing to*
sino que	*rather*

4.8 Por el puro gusto de. En las **Notas biográficas,** vamos a ver que el autor quiere que leamos la poesía porque nos gusta, no para formar teorías sobre el poema.

Paso 1. Para cada categoría a continuación escriba lo que Ud. lee.

1. Lo que leo para mis estudios: _____

2. Lo que leo para mantenerme en contacto con mis amigos: _____

   _____

3. Lo que leo para informarme de los eventos en mi comunidad y en el mundo: _____

4. Lo que leo para relajarme y divertirme: _____

   _____

Paso 2. Comparta su lista anterior con una amiga/un amigo. Después, escriban una lista de lectura recomendada y compártanla con sus compañeros de clase.

   Lista de lectura recomendada: _____

   _____

4.9 La vida y el arte. Jorge Luis Borges fue poeta, bibliotecario y profesor de literatura. ¿Cómo es la vida de una persona que tiene estas profesiones?

Paso 1. Escoja tres afirmaciones de la siguiente lista que Ud. asocia con una persona, como Borges, que es poeta, bibliotecario y profesor.

❒ **1.** Le gusta leer libros.

❒ **2.** Sus padres son profesores.

❒ **3.** Vivió en varios países durante su juventud.

❒ **4.** Es aficionado a los deportes.

❒ **5.** Es rico.

❒ **6.** Estudia varios idiomas.

❒ **7.** Tiene muchos amigos y es extrovertido.

❒ **8.** Pasa mucho tiempo a solas haciendo sus investigaciones.

Paso 2. Con una compañera/un compañero, escriba una breve descripción de cómo Ud. se imagina la vida de Borges. Después, comparta la descripción con la clase.

Paso 3. Con su pareja, lea las **Notas biográficas** en la página 101 rápidamente. ¿Cuáles de las tres selecciones que Uds. escogieron en el **Paso 1** están representadas en la vida de Borges? ¿Hay cosas que Ud. no anticipó? ¿La vida de Borges es similar a lo que Uds. escribieron en el **Paso 2**?

¡Fíjese!
Antes de empezar este ejercicio, consulte la sección **G4.3** en la página 118.

4.10 Los recuerdos. En el poema «Las cosas» de Jorge Luis Borges, el narrador hace una lista de las cosas que lo acompañan en la vida. Observa que las cosas no dan testimonio ni de nuestra presencia (en vida) ni de nuestra ausencia (en la muerte).

Paso 1. Hay cosas que conservamos como recuerdos de eventos o momentos importantes en la vida. Muchas veces son cosas que llevamos con nosotros cada vez que cambiamos de casa a lo largo de la vida. Imagine que alguien le da una caja vacía que Ud. puede llenar con los recuerdos más importantes de su vida. ¿Qué cosas pondría Ud. en la caja?

En la caja yo pondría: _____

_____

_____

Paso 2. Comparta con su compañera/compañero el contenido de su caja. Explique el significado de cada cosa y qué representa.

MODELO: *Mis padres me dieron una fiesta sorpresa cuando cumplí los 16 años y esta foto representa para mí el cariño de mis padres.*

Paso 3. Ahora, comparta con la clase la cosa o el recuerdo más importante y explique por qué lo es. Decidan si tienen cosas o recuerdos en común.

Mientras lee

4.11 En otras palabras. Lea «Las cosas» de Jorge Luis Borges en la página 102. A veces un poema se describe como "una pintura en palabras". En este poema Borges describe la vida del narrador usando las cosas que han sido importantes en su vida.

Paso 1. Usando la siguiente lista de objetos que aparecen en el poema, escriba la importancia o el uso posible que tiene cada uno para el narrador.

1. el bastón lo usa para caminar _____

2. las monedas _____

3. el llavero y la cerradura _____

4. las tardías notas _____

5. los naipes y el tablero _____

6. la ajada violeta _____

7. el rojo espejo occidental _____

8. el atlas _____

9. las copas _____

10. las limas _____

11. los umbrales _____

12. los clavos _____

👥 **Paso 2.** Compare sus asociaciones con las de su compañera/compañero y cambie su propia asociación si cree que la de su compañera/compañero es más adecuada. ¿Es posible que haya dos interpretaciones buenas?

4.12 La relación entre las personas y las cosas en el poema «Las cosas».

Lea «Las cosas» una vez más. Después escriba en sus propias palabras las ideas que Borges nos presenta en las dos últimas oraciones (los últimos seis versos) del poema, empezando con ¡Cuántas cosas....

«(las cosas) nos sirven como tácitos esclavos, ciegas y extrañamente sigilosas»

_____

_____

«(las cosas) durarán más allá de nuestro olvido»

_____

_____

«(las cosas) no sabrán que nos hemos ido»

_____

_____

A leer

Notas biográficas de Jorge Luis Borges

lap

Jorge Luis Borges nació en Argentina en 1899 en el regazo° de una familia literaria. Dado a que su abuela paterna era inglesa, creció en un ambiente bilingüe en el que se hablaba el español y el inglés. Durante su adolescencia, —entre los años de 1914–1921— su familia vivió en Suiza, Francia y España, donde aprendió el alemán y el francés y llegó a dominar el latín.

Su amor por la literatura lo llevó a una carrera de escritor desde muy temprana edad. En 1919 publica su primer poema, «Himno al mar» inspirado por la poesía de Walt Whitman, el gran poeta americano. En 1937 comienza su profesión de **bibliotecario** en Buenos Aires. Después de la publicación de sus colecciones de cuentos, *El jardín de **senderos** que se bifurcan*° (1941) y *Artificios*° (1944), su fama como escritor lo lleva a dos nombramientos° importantes, Director de la Biblioteca Nacional de Buenos Aires en 1950 y Profesor de Literatura Inglesa y Americana en la Universidad de Buenos Aires en 1956.

diverge / artistic constructs
appointments

Debido a una enfermedad congénita, Borges pierde **la vista** cuando lo nombran director de la Biblioteca Nacional y expresa lo siguiente: «Es el gran sentido

irónico de Dios, dejarme ciego y tener 800.000 volúmenes a mi disposición».
Después, Borges vuelve a la poesía y escribe la mayoría de sus poesías durante los
últimos años de su carrera. En la introducción de su *Antología poética* 1923–1977,
Borges le expresa al lector que los poemas no son autobiográficos, **sino que** se
deben leer por **gusto**. Así podemos entender que el poema, «Las cosas», se escribió
para darnos gusto al leerlo y tratar de percibir algo importante de la vida. En este
poema se refleja la relación que tenemos con las cosas. El poema comienza con una
lista de cosas y acaba con una observación sobre lo que nuestra vida y muerte
significan para las cosas. Al final el poeta usa dos verbos en el tiempo futuro para
proponer la inconsciencia que las cosas tienen de nuestra presencia.

Source: J.L. Borges "An Autobiographical Essay." En Jaime Alazraki, ed. *Critical Essays on Jorge Luis Borges.*
Boston: G.K. Hall and Co., 1987, pp. 21–54.

> **¡Fíjese!**
> La formación del
> futuro se explicará en
> **G5.2**, página 148.

«Las cosas»

walking stick	1	El bastón°, las monedas, el **llavero**,
		la dócil **cerradura**, las **tardías**
		notas que no leerán los pocos días
playing cards / chess board		que me quedan, los naipes° y el tablero°,
wilted	5	un libro y en sus páginas la ajada°
		violeta, monumento de una tarde
		sin duda inolvidable y ya olvidada,
burns		el rojo espejo occidental en que arde°
dawn		una ilusoria aurora°. ¡Cuántas cosas,
nail files / thresholds	10	limas°, umbrales°, atlas, copas, **clavos**,
slaves / stealthy		nos sirven como tácitos esclavos°,
		ciegas y extrañamente sigilosas°!
		Durarán más allá de nuestro olvido;
		no sabrán nunca que nos hemos ido.

Después de leer

4.13 Comparando experiencias. Después de leer las **Notas biográficas**,
con su compañero/compañera completen la siguiente tabla con las semejanzas
y diferencias entre sus vidas y la de Borges.

La vida de Borges	Mi vida	La vida de mi compañera/o
Hablaba 4 idiomas: el inglés, el español, el francés y el alemán.	Hablo inglés bien y estudio español.	Habla inglés y árabe y estudia español.

4.14 Mis impresiones del poema. Ahora, comparta sus impresiones del poema. Complete cada oración con sus propias palabras.

1. Para mí el poema es ―――――――――――――――――― porque

――――――――――――――――――――――――――――――――――.

2. Me gusta / No me gusta el poema porque ――――――――――

――――――――――――――――――――――――――――――――――.

3. En mi opinión, «Las cosas» ――――――――――――――― porque

――――――――――――――――――――――――――――――――――.

4.15 Un resumen del poema. Escriba un resumen de 75 palabras que describa la relación entre las cosas y el narrador del poema. Además, describa el efecto que el poema tuvo en Ud.

CONTEXTO GLOBAL

Celebrar la muerte (México)

El Día de los Muertos en México: un niño mexicano habla

Gamaliel en el campo

Un altar del Día de los Muertos

Amalia Mesa-Bains, "An Ofrenda for Dolores del Rio," 1990–1993. Collection of National Museum of American Art, Smithsonian Institution, Washington, D.C.

Nos presentamos: **Nombre:** Gamaliel

Edad: 12 años

Residencia: México

Profesión: Trabaja en el campo

Introducción

Gamaliel es un niño de 12 años que vive en una finca del valle de México, no muy lejos de la Ciudad de México. Sus abuelos, Juan de Jesús y Domatilla, establecieron la finca hace 50 años, construyendo la casa y trabajando la tierra. Criaron ovejas° por su lana, guajolotes° y gallinas y verduras para vender en el mercado. El trabajo de Gamaliel era cuidar las ovejas con su abuela, Domatilla. Pero, el año pasado Domatilla murió. Gamaliel habla de sus abuelos y cómo quiere celebrar el Día de los Muertos este año.

sheep / turkeys

Antes de escuchar

 4.16 ¿Sabe algo del Día de los Muertos?

Paso 1. Conteste las preguntas según su conocimiento.

1. El Día de los Muertos se celebra…
   a. el 5 de mayo.
   b. el 16 de septiembre.
   c. el 31 de octubre.
   d. el 2 de noviembre.

2. ¿Cuál de los siguientes es algo que <u>no</u> hacen las familias mexicanas cuando van al camposanto?
   a. limpian las tumbas de sus familiares
   b. ponen flores
   c. cantan el himno nacional°
   d. encienden velas°

national anthem

candles

3. El origen del Día de los Muertos es…
   a. prehispánico.
   b. español.
   c. basado en Halloween.
   d. de los principios del siglo XX.

Paso 2. Consulte el Internet para averiguar las respuestas que no sabe. Anote los sitios usados.

Sitios web que consultó: _____

_____

Vocabulario pertinente
Sustantivos

la mariposa	*butterfly*
el nido	*nest*
el pájaro	*bird*
las ovejas	*sheep*

Verbos

arreglar	*to arrange*
contar	*to tell*
extrañar	*to miss*

4.17 Una práctica con el vocabulario. Llene el espacio en blanco con la forma correcta de la palabra más adecuada de la lista de vocabulario.

1. Mi abuela llevaba las ———————————————— al campo cada día.

2. Los pájaros hacen sus ———————————————— en los árboles.

3. Mi madre ———————————————— las flores en el altar.

4. Mi abuelo siempre me ———————————————— un cuento por la noche.

5. ———————————————— a mis abuelos ahora porque no están aquí conmigo.

A escuchar

4.18 Gamaliel habla de sus abuelos. Mientras escucha, hágase una imagen de lo que Gamaliel está diciendo y trate de captar la esencia de la narración.

4.19 Los abuelos de Gamaliel. Mientras escucha por segunda vez, intente escoger la respuesta correcta. Puede haber más de una respuesta correcta para cada pregunta.

1. Gamaliel dice que su abuela siempre va a recordar el camino a casa. ¿Por qué?

   a. Porque siempre preguntaba si se perdía.

   b. Porque vivió allí toda la vida.

   c. Porque el camino es fácil.

   d. Por llevar y traer las ovejas todos los días.

2. ¿La abuela de Gamaliel se compara con cuáles animales por su habilidad de llegar a casa?

   a. las ovejas

   b. los guajolotes

   c. los pájaros

   d. las mariposas

3. El abuelo de Gamaliel...

    a. murió cuando él tenía 80 años.

    b. murió cuando él era niño.

    c. murió cuando Gamaliel tenía ocho años.

    d. no ha muerto todavía.

4. Gamaliel quiere poner velas en la ofrenda porque...

    a. su abuela necesita luz para el camino.

    b. es el cumpleaños de su abuelo.

    c. se ven mejor las flores con luz de vela.

    d. las luces atraen las mariposas.

5. Según Gamaliel,...

    a. su abuelo le contaba cuentos por la noche.

    b. Gamaliel le va a contar cuentos a su abuelo el Día de los Muertos.

    c. extraña más a su abuela.

    d. sus padres no le compran dulces.

Los abuelos de Gamaliel

Después de escuchar

4.20 ¿Días alegres? Gamaliel dice que el Día de los Muertos es uno de los días más alegres del año para él. ¿Cómo es posible? Como clase, hagan una lluvia de ideas de cómo o por qué puede ser alegre un día cuyo enfoque es la muerte. Una persona debe anotar las ideas en la pizarra.

4.21 La muerte: la palabra que no se pronuncia. Octavio Paz, un poeta y ensayista mexicano, hace la siguiente observación sobre la muerte:

Para el habitante de Nueva York, París o Londres, la muerte es la palabra que jamás se pronuncia porque quema los labios. El mexicano, en cambio, la frecuenta, la burla, la acaricia, duerme con ella, la festeja, es uno de sus juguetes favoritos y su amor más permanente.

Source: Octavio Paz. *El laberinto de la soledad: Postdata, Vuelta El laberinto de la soledad.* México: Fondo de Cultura Económica, 2002, 63.

Paso 1. Adjetivos y metáforas para la muerte. Octavio Paz comenta que la muerte es uno de los «juguetes favoritos» de los mexicanos. A continuación, escriba cinco palabras o ideas que Ud. asocia con la muerte.

1. _____

2. _____

3. _____

4. _____

5. _____

Paso 2. Compare su lista con la lista de tres de sus compañeros de clase. En sus grupos, seleccionen las mejores descripciones de la muerte para compartir con el resto de la clase.

Paso 3. Para examinar sus propias actitudes hacia la muerte, lean las oraciones siguientes y decidan si están de acuerdo o no. Si no están de acuerdo con la oración, cámbienla para que refleje mejor su actitud.

¡Fíjese!

Para un repaso del uso de *se* impersonal, consulte la sección **G4.4** en la página 119.

MODELO: Se da un beso al cadáver antes del entierro.

No estoy de acuerdo. _____

En mi familia no se toca nunca el cadáver del difunto. _____

En la familia de Andrew se besa el cadáver del difunto. _____

1. Hablar de la muerte se considera tabú.

_____

_____

2. En un funeral, se da el pésame a la familia del difunto.

_____

_____

3. Se usa ropa negra en un velorio.

_____

_____

4. Se les debe hablar a los niños acerca de la muerte desde una temprana edad.

_____

_____

5. No se sabe qué pasa después de la muerte.

_____

_____

4.22 Lo que se hace durante el Día de los Muertos. Escriba un resumen de 75 palabras de las actividades más comunes durante el Día de los Muertos. Si consulta algún sitio web u otra fuente de información, cite las fuentes.

La Semana Santa (Guatemala)

Martín Sho habla de la Semana Santa en San Lucas Tolimán, Guatemala

Martín Sho

La iglesia de San Lucas

Nos presentamos:

Nombre: Martín Sho

Edad: 65 años

Residencia: San Lucas, Guatemala

Profesión: Agricultor

Introducción

edge / highlands

Martín Sho es un hombre maya de 65 años de edad que vive en el pueblo de San Lucas Tolimán a la orilla° del Lago Atitlán en los altiplanos° de Guatemala. De joven, su trabajo era trabajar su terreno donde cultivaba maíz, fríjol y algunas verduras para su familia. Cuando tenía 35 años comenzó a servir de sacristán en la iglesia, haciendo las preparaciones para las tres misas diarias que se celebraban allí. En esta entrevista, Martín habla de la celebración de la Semana Santa en su pueblo. Se puede notar la mezcla de tradiciones indígenas con las tradiciones católicas en la figura de Maximón°, el santo maya que tiene su equivalente en Judas, el discípulo de Cristo. Martín también nota el conflicto entre los protestantes y los católicos debido a que las iglesias protestantes insinúan que el catolicismo no es una expresión legítima de la fe en Jesucristo.

Mayan saint associated with Judas[1]

---

[1]Maximón is a blending of the Maya god, known as Mam or Maam, and the Catholic Saint Simon Peter.

Antes de escuchar

4.23 ¿Sabe algo de la Semana Santa? Seleccione la respuesta correcta.

1. La Semana Santa es la semana antes de...
   a. el Día de Acción de Gracias.
   b. la Pascua Florida.
   c. la Navidad.
   d. el Día de Independencia.

2. ¿Cuál de los días festivos no se incluye en la Semana Santa?
   a. el Jueves Santo
   b. el Día de Todos los Santos
   c. el Viernes Santo
   d. el Domingo de Ramos

3. La Semana Santa es celebrada por...
   a. los judíos.
   b. los judíos y los cristianos.
   c. los cristianos.
   d. los musulmanes.

4. El propósito de la Semana Santa es celebrar...
   a. la pasión de Cristo.
   b. el nacimiento de Cristo.
   c. las enseñanzas de Cristo.
   d. la niñez de Cristo.

4.24 ¿Cómo se celebra la Semana Santa en España y en Guatemala?

Paso 1. En grupos de tres personas, investiguen la celebración de la Semana Santa. La mitad de los grupos debe leer sobre la celebración en Guatemala y la otra mitad en España. En grupos hagan una lista de las prácticas más comunes durante la Semana Santa en el país indicado.

Paso 2. En clase, comparen las celebraciones de los dos países. ¿Cuáles son las diferencias y las semejanzas entre los dos?

Traje típico del cucurucho

> ### Vocabulario pertinente
>
> | | |
> |---|---|
> | los acólitos | *acolytes/altar boys* |
> | la Cuaresma | *Lent* |
> | las cofradías | *religious fraternities* |
> | sacristán | *lay leader in Catholic Church* |
> | los cucuruchos | *hooded penitents* |

4.25 Práctica con el vocabulario. Escriba la letra de la definición o el sinónimo de la columna **B** que corresponde a la palabra de la columna **A**.

	A		B
_____	1. Maximón	**a.**	40 días de reflexión y sacrificio
_____	2. cucuruchos	**b.**	personas penitentes que llevan trajes con capirotes°
_____	3. cofradías	**c.**	un santo maya
_____	4. Cuaresma	**d.**	hombre que ayuda al sacerdote
_____	5. sacristán	**e.**	organizaciones de penitentes

pointed hood

A escuchar

4.26 Martín Sho habla de la Semana Santa. Mientras escucha, hágase una imagen de lo que Martín Sho está narrando y trate de captar la esencia.

4.27 ¿Cierto o falso? Decida si las siguientes oraciones son ciertas o falsas. Corrija las oraciones falsas, según la narración de Martín Sho.

1. Durante la Cuaresma, hay una procesión cada jueves. _____

2. Su ruta pasa por el cementerio y vuelve a la iglesia. _____

3. La Semana Santa comienza con la procesión del Domingo de Ramos. _____

4. Los acólitos llevan los santos por la ruta. _____

5. El nombre indígena de Judas, Maximón, significa «el colgado». _____

6. Siempre nos hemos llevado bien con los evangélicos. _____

7. Ellos deben evangelizar a los católicos. _____

Después de escuchar

4.28 La pasión de Cristo.

La Pascua Florida en mi comunidad. Decida si las prácticas asociadas con la Semana Santa en Guatemala se hacen o no en su comunidad o su iglesia.

	Sí	No
1. Hay procesiones por las calles.	——	——
2. Hay misa (o culto[2]) el Jueves Santo.	——	——
3. Hay misa (o culto) el Viernes Santo.	——	——
4. Hay misa (o culto) el Domingo de Ramos.	——	——
5. Se hacen alfombras en las calles.	——	——
6. Hay misa (o culto) el Domingo de Resurrección.	——	——

4.29 Ensayo de opinión: ¿La muerte o la resurrección?

En Guatemala y España, la celebración de la Semana Santa se enfoca más en el sufrimiento y la muerte (la pasión) de Cristo. En los Estados Unidos hay más énfasis en la resurrección de Cristo. En su opinión ¿a qué se debe esta diferencia? Escriba un párrafo de 75 a 100 palabras.

Un andén

Una alfombra religiosa en la calle

Unos penitentes con copal (incienso)

REFLEXIÓN

Una experiencia con la muerte

Piense en una experiencia personal que Ud. ha tenido con la muerte. Puede ser la muerte de una persona (conocida o desconocida, pero que le afectara <u>a Ud.</u>) o la muerte de una mascota querida.

Antes de escribir

 4.30 La muerte: última etapa de la vida.

Paso 1. Piense en la vida de la persona que ha muerto y la conexión entre su vida y su muerte.

Nombre de la persona: ——————————————

Su relación con Ud.: ——————————————

---

[2]Maneras de expresar servicios religiosos, *misa* para los católicos y *culto* para los protestantes.

Descripción física de la persona: _____

_____

_____

_____

Descripción de la personalidad de la persona: _____

_____

_____

_____

Las actividades más características de la persona: _____

_____

_____

_____

La edad que tenía la persona al morir: _____

_____

_____

_____

Las circunstancias de la muerte (cómo murió): _____

_____

_____

_____

loved one / passed away

👥 **Paso 2.** Comparta con otra persona (hasta donde esté Ud. cómodo) algo sobre su ser querido° que ha fallecido°.

🏠 **4.31 Unos apuntes más.** Después de hacer las actividades en clase, piense en tres aspectos de la vida de la persona (o mascota) que Ud. quiere incluir. Escriba cada uno y anote cómo afectó su vida. Mientras trabaja, adapte su pensamiento y plan al público que ha elegido.

MODELO: *Mi abuela era gran parte de mi vida.*

    Apuntes: *Vivía con nosotros. Siempre me ayudaba en momentos difíciles.*
    Hablaba con ella todos los días.

1. _____

    Apuntes: _____

2. _____

    Apuntes: _____

3. _____

    Apuntes: _____

A escribir

4.32 El bosquejo de mis ideas. Hay varias maneras de generar un plan de escritura. Consulte el **Apéndice B** para ver un bosquejo. Después de escribir el bosquejo, piense en lo siguiente:

Título provisional: _____

Tesis (una frase que expresa la idea central de la composición): _____

_____

Incluya el título y la tesis en su bosquejo. _____

4.33 El primer borrador. Después de ser aprobado, escriba el borrador. Use lo siguiente para no olvidarse de lo importante:

La tesis: _____

Paso 1. Introducción: el nombre de la persona o de la mascota, su relación con la persona que ha muerto, la importancia de esa persona en su vida, otra información como lugar y fecha del nacimiento, características importantes y otras circunstancias relevantes. La tesis que escribió anteriormente le puede servir como la idea central de su composición.

Explicación de los eventos importantes de la vida y la muerte de este ser querido, pensando siempre en su tesis. Organice sus ideas en párrafos presentando las ideas lógicamente. Si el evento de la muerte es importante, debe incluirlo en esta parte.

Conclusión: Describa cómo la vida o la muerte de su ser querido ha cambiado su vida. ¿Qué aprendió? ¿Cuáles son las cosas que hace Ud. para no olvidar a su difunto querido?

Paso 2. Revisión. Intercambie el borrador con el de una compañera/un compañero. Ayúdense con el contenido primero y la gramática después.

4.34 La composición. Cuando la profesora/el profesor haya examinado el borrador o le indique que está bien, escriba la composición usando el bosquejo y el borrador anterior. Véase los ejemplos del bosquejo y la composción en los Apéndices B y C, página 154–155. No olvide que su composición debe tener un mínimo de tres párrafos, uno para cada grupo de ideas en su bosquejo.

Después de escribir

Repase su trabajo final. Utilice esta lista para evitar errores comunes:

- Pase el corrector ortográfico.
- Examine los sustantivos: ¿Todas las palabras que lo modifican tienen el mismo género (femenino, masculino) y número (plural, singular)?

- Examine los verbos: ¿Concuerdan con los sujetos? ¿Ha usado el tiempo que expresa lo que quiere decir?

- Revise los acentos, los márgenes, el título, el encabezamiento y los otros detalles que la profesora/el profesor le haya pedido.

AMPLIANDO EL CONOCIMIENTO CON EXPERIENCIA

Servicio: Aprender sirviendo con Amnistía Internacional

Introducción: El proyecto de Amnistía Internacional: Las mujeres y la guerra

La organización Amnistía Internacional (AI) tiene como misión observar los derechos humanos en todos los países. Mundialmente, las personas colaboran con en el trabajo de AI, ya sea con contribuciones monetarias o escribiendo cartas a favor de personas que sufren de estos abusos. El artículo siguiente apareció en su sitio web, promoviendo la campaña de AI en contra de la violencia hacia las mujeres en épocas de guerra.

Amnistía Internacional

La campaña en contra de la violencia hacia la mujer

A menudo se hace caso omiso a la violencia en contra de las mujeres y raramente se castiga al perpetrador. Las mujeres y las niñas sufren de manera desproporcionada la violencia, a manos del Estado, de la comunidad y de la misma familia. Una vida sin violencia es un derecho humano fundamental. Desde los hogares a las zonas de conflicto, la violencia debe cesar.

La campaña de Amnistía Internacional:

- presionará para que se apliquen las leyes existentes que garantizan el acceso a la justicia y los servicios para las supervivientes de violación y otras formas de violencia sexual;

- instará para poner fin a la violencia contra las mujeres a manos del Estado y sus agentes;

- trabajará para dar capacitación a las mujeres.

El camino por andar: Las mujeres toman la iniciativa

Los defensores de los derechos humanos, —hombres como mujeres— desempeñan una función vital tanto antes, durante y después del conflicto.

Todos los defensores de los derechos humanos se enfrentan cada vez a más presiones y peligros durante los conflictos armados. Sin embargo, a pesar de los enormes riesgos personales que corren, las mujeres están en el meollo del movimiento de derechos humanos tratando de que se haga justicia con las víctimas de asesinato, «desaparición» o tortura a manos de miembros de las fuerzas de seguridad.

Mundialmente, los grupos de mujeres se han unido sin importar las diferencias nacionales, étnicas, políticas o religiosas para exigir el derecho de las mujeres a participar en los procesos de paz y a contribuir a poner fin a los conflictos.

4.35 Participe en la campaña para combatir la violencia contra las mujeres.

Paso 1. Visite la página web de Diálogos y siga el enlace del sitio de Internet de Amnistía Internacional y escríbales una carta en español a favor de uno de los casos que encuentre en el sitio. Para leer sobre casos en América Latina, seleccione uno de los países hispanos. Si hay una asociación de la AI en su universidad, hágase socia/socio. Una de las personas en la clase puede encargarse de mantener el grupo de la AI al día de los casos que afectan al mundo hispano y puede ayudar con las cartas en español.

Paso 2. En una hoja aparte, escriba una respuesta que apoye o niegue la siguiente opinión: «Es la obligación de todos los ciudadanos del mundo trabajar para la defensa de los derechos humanos en todo el mundo y no sólo en su propio país o comunidad». Su respuesta debe ser de una página y desarrollada con argumentos que apoyen su opinión.

Aplicación: Ayudando a personas a sobrellevar una pérdida familiar.

Opción 1: Hablar con la directora/el director de un grupo de apoyo para personas en duelo.

terminally ill

Inviten a una persona que trabaje con los latinos desahuciados° o una persona encargada de un grupo (en español) de apoyo para los que están en duelo.

4.36 Antes de la visita.

Paso 1. Consulte un sitio en español del Internet para aprender un poco sobre el trabajo de la persona que visitará. ¿Cuál es su trabajo principal? ¿Cuáles son sus responsabilidades? Anote el vocabulario que aprendió.

Sitio web consultado: _____

Paso 2. En otra hoja (para entregar) escriba una lista de ocho a diez preguntas para estimular la conversación con la persona que visitará su clase. Piense especialmente en la necesidad de adaptarse a las necesidades de personas con diferentes culturas.

Paso 3. Después de la visita, escriba un informe que resuma lo que aprendió. Su informe debe de estar organizado en dos párrafos: en el primer párrafo, describa brevemente la información y en el segundo, exprese sus opiniones y reacciones a lo que aprendió.

Opción 2: Una visita a una exhibición del Día de los Muertos

La clase puede visitar una exhibición artística del Día de los Muertos o puede asistir a la misa de los difuntos en una iglesia hispana. La mayoría de las ciudades con una población hispana celebrará este día. Si no le es posible visitar una exhibición, hay muchos altares del Día de los Muertos representados en el Internet.

4.37 Para preparar su visita. Cada persona debe leer sobre esta celebración en el Internet.

Paso 1. Los altares. Seleccione uno de los altares de la exhibición (o del Internet) para hacer un análisis detallado. Haga una lista de los elementos incluidos en el altar. Después, escriba un párrafo sobre el altar y cómo los elementos incluidos revelan detalles de la persona honrada.

Paso 2. Conversación en clase. Compare el altar que Ud. analizó con los altares seleccionados por sus compañeros de clase. ¿Cuáles son los elementos en común? ¿Cuáles son cosas originales y únicas del altar que Ud. seleccionó?

Paso 3. La creación de un altar en clase. Haga un altar que tenga los elementos comunes de los altares del Día de los Muertos. Después, cada persona en la clase debe agregar una cosa que represente a la persona o mascota querida que haya muerto. Comparta con la clase el significado del objeto. El objeto puede ser una foto o algún objeto querido por esa persona o mascota.

EXPLICACIONES GRAMATICALES

G4.1 Introducción a los tiempos perfectos: La formación del participio pasado (*Introduction to the perfect tenses: Formation of the past participle*)

In Spanish, as in English, the past participle can be used as an adjective or as a part of a verb phrase to form the perfect tenses. In English you can see these two uses in the following examples:

*She was **tired**. Tired* functions as an adjective that modifies *she*.

*This walk **has tired** me out*. The verb phrase *has tired* is the present perfect tense, with *has* as the auxiliary verb and *tired* as the past participle.

The past participle is formed by removing the ending of the infinitive of the verb and adding **-ido** to **-er** and **-ir** verbs and adding **-ado** to **-ar** verbs.

infinitivo	participio
enterrar	enterrado
perder	perdido
vivir	vivido

There are many irregular past participles. The following are some commonly used past participles that are irregular.

infinitivo	participio
abrir (*to open*)	abierto
cubrir (*to cover*)	cubierto
decir (*to say*)	dicho
escribir (*to write*)	escrito
hacer (*to do, to make*)	hecho
morir (*to die*)	muerto
poner (*to put, to place*)	puesto
resolver (*to resolve*)	resuelto
romper (*to break*)	roto
ver (*to see*)	visto
volver (*to return*)	vuelto

A past participle will need an accent on the "i" of the **-ido** ending when the **-er** or **-ir** ending of the infinitive is preceded by **a, e,** or **o** (but not **u**), as in the following verbs.

infinitivo	participio
caer (*to fall*)	caído
construir (*to build*)	construido
huir (*to flee*)	huido
leer (*to read*)	leído
oír (*to hear*)	oído

When the past participle is used as an adjective, it must agree with the noun it modifies in both gender and number. For adjective placement and agreement, see **G1.4**.

G4.2 El presente perfecto (*The present perfect*)

The present perfect is a relational verb form that refers to an event prior to the present moment that has significance for the present. It is formed by combining the present tense of the helping verb **haber** with the past participle.

	haber (presente)	+ participio
yo	he	comido
tú	has	hablado
ella/él, Ud.	ha	orado
nosotros	hemos	vivido
vosotros	habéis	llorado
ellas/ellos, Uds.	han	dicho

Enrique: ¿Tus abuelos están vivos? *Are your grandparents alive?*

Clara: Pues, mi abuela ha muerto, pero mi abuelo todavía vive. *Well, my grandmother has died, but my grandfather is still living.*

In the example above, Enrique wonders about the current status of Clara's grandparents. In response, Clara uses the present perfect to relate that her grandmother has died at a point in time prior to the present moment, and she uses the present tense to express that her grandfather is still living.

G4.3 Los usos del «lo» (*Some uses of the neutral* lo)

We usually think of **lo** as the masculine form of the direct-object third-person singular pronoun. Its translation in English would be *it* or *him*. However, the pronoun **lo** is widely used in other ways, including:

1. combined with **que** to relate the meaning of *what* when it refers to a previously stated idea

2. idiomatically with other words

1. lo que

The pronoun **lo** is combined with **que** to make a relative pronoun (starts a relative clause) that expresses the idea of *what* or *that which*. Sometimes the content has been or will be mentioned in the context of the speaker's statement and sometimes it is implied.

Sé *lo que* quieres. *I know **what** you want.*

Lo que sucede después de la muerte sigue siendo un misterio. ***What happens after death remains a mystery.***

2. Lo in idiomatic expressions

Lo can be combined with other words to form idiomatic expressions as in the following examples:

A *lo* mejor   *Perhaps*

A *lo* largo de   *During*

A *lo* francés   *In the style of the French*

Lo can be combined with other adjectives as well.

G4.4 El «se» impersonal y el «se» pasivo (*The impersonal reflexive* se *and the passive reflexive* se)

The pronoun **se** can be used to express either an indefinite subject in an impersonal expression or a passive sentence construction where the subject is less important than the action that has been accomplished.

- **El «se» impersonal** (*The impersonal reflexive* se)   In English, the impersonal subject is often expressed by using *they* or *people*. This same impersonal expression is achieved in Spanish by using the impersonal **se** with a third-person singular verb, as in the following examples:

Se dice que la Semana Santa es la fiesta religiosa de mayor importancia en España.	*They say that Holy Week is the most important religious festival in Spain.*
Se critica mucho a las personas que no asisten a misa durante la Semana Santa.	*People are critical of those who don't attend mass during Holy Week.*

- **El «se» pasivo** (*The passive reflexive* se)   In the passive reflexive voice, the subject is omitted entirely and the result of the action is emphasized.

Se compraron muchas coronas para el entierro.	*Many flower arrangements were bought for the burial.*
Se recitaron muchas oraciones antes del funeral.	*Many prayers were recited before the funeral.*

In the first example above, the speaker wants to emphasize the many flower arrangements (**coronas**) that were bought (**se compraron**) for the burial. In the second example, we are to be impressed with the many prayers (**oraciones**), and it is not important who said them.

The passive reflexive verb agrees with the number of things that are acted upon, and it can therefore be either singular or plural, but it is always in the third person.

Se recitó una oración.	*A prayer was recited.*
Se recitaron muchas oraciones.	*Many prayers were recited.*

El dinero y las finanzas

En este capítulo dialogamos sobre las finanzas tanto personales como globales. Después de examinar nuestros hábitos de gastar, vamos a conocer a un trabajador mexicano que vende productos electrónicos cerca de la Basílica de Guadalupe. Compararemos los precios y sueldos en México con los de Estados Unidos para comprender los factores que influyen en las relaciones de estos dos países. Además, leeremos sobre la Virgen de Guadalupe y el impacto que la aparición de la Virgen continúa teniendo sobre el pueblo mexicano.

Enfoques

- Compartimos nuestros hábitos de gastar dinero.
- Leemos sobre la aparición de la Virgen de Guadalupe a Juan Diego y su importancia religiosa y cultural en México.
- Escuchamos a Miguel Ramírez, vendedor mexicano.
- Usamos El Índice Big Mac (la canasta internacional) para comparar precios de comida.
- Hacemos una simulación del mercado mexicano —vamos de compras con el sueldo mínimo en México.
- Reflexionamos sobre cómo sería la vida si viviéramos en otro país: La vida de los trabajadores mexicanos.

CONEXIÓN PERSONAL

Los hábitos de gasto

5.1 Los gastos de los estudiantes.

 Paso 1. Conteste según sus gastos personales.

¡Fíjese!
Este ejercicio emplea los complementos directos —para repasarlos consulte la sección **G3.2** en la página 84.

1. Deudas: ¿Tiene préstamos?

   a. Sí, tengo préstamos de…

   b. Tengo un préstamo escolar, pero no lo pago todavía.

   c. No, no los tengo.

2. Gastos relacionales: ¿Con qué frecuencia hace regalos?

   a. Nunca hago regalos.

   b. Los hago varias veces al año.

   c. Los hago varias veces al mes.

3. Gastos de ropa: ¿Con qué frecuencia compra ropa?

   a. Nunca compro ropa porque… (dé la razón).

   b. La compro de vez en cuando.

   c. La compro regularmente.

4. Gastos médicos: ¿Con qué frecuencia toma medicamentos?

   a. Nunca tomo medicamentos.

   b. Los tomo de vez en cuando.

   c. Los tomo diariamente.

5. Gastos de seguro: ¿Paga su propio seguro médico?

   a. No, mis padres lo pagan.

   b. Sí, yo lo pago.

   c. No, no tengo seguro.

charitable contributions

6. Gastos caritativos: ¿Hace contribuciones caritativas°?

   a. Sí, las hago con regularidad.

   b. Sí, las hago de vez en cuando.

   c. No, nunca (o casi nunca) las hago.

7. Gastos de telecomunicaciones: ¿Usa mucho su celular?

   a. Sí, lo uso constantemente.

   b. Casi nunca lo uso. / Lo uso en casos de emergencia.

   c. No tengo celular.

8. Gastos relacionados con el coche: ¿Tiene pagos mensuales?

   a. No, no tengo pagos mensuales. / No tengo coche.

   b. Sí, tengo pagos mensuales.

   c. Sí, y mis padres me los pagan.

9. Gastos de transporte: ¿Con que frecuencia compra gasolina?

   a. Menos de una vez por semana.

   b. Aproximadamente una vez por semana.

   c. Nunca compro porque...

10. Gastos familiares: ¿Tiene hijos?

    a. Sí, tengo... (dé el número) hijo(s).

    b. No, no tengo.

Gastos que implican los hijos: _____

Paso 2. Compare sus respuestas del **Paso 1** con las de otra persona. A continuación escriba otros gastos que Ud. y su compañera/compañero tienen, por ejemplo, libros, la matrícula°, etc.

school enrollment fees

Paso 3. Hablen de los gastos (de los **Pasos 1** y **2**) que más les preocupan.

Modelo: Me preocupan los gastos del coche porque son muy altos. Pero necesito mi coche para ir al trabajo.

5.2 ¿Cuál es mi concepto del dinero?

Paso 1. Lea los siguientes dichos sobre el dinero. Ponga una X al lado de los dichos que reflejen sus pensamientos personales sobre el dinero.

_____ 1. A la pereza le sigue la pobreza.

_____ 2. Amigo sin dinero, eso quiero; que dinero sin amigo, no vale un higo°.

fig

_____ 3. Antes me muero que prestar dinero.

filthy

_____ 4. Aunque salga de manos asquerosas°, el dinero siempre huele a rosas.

_____ 5. Al rico le viene más riqueza y al pobre más miseria.

Paso 2. Escoja el dicho del **Paso 1** que mejor refleje su pensamiento sobre el dinero. Explíquelo en palabras sencillas (en español). ¿Hay un dicho en inglés que exprese la misma idea?

El dicho: _____

Mi explicación: _____

Un dicho semejante en inglés: _____

Paso 3. Escriba su propio dicho sobre el dinero, que expresa mejor su relación con el dinero: _____. Comparta su dicho con la clase.

5.3 Mi relación con el dinero. En una hoja aparte, escriba un párrafo que exprese sus pensamientos sobre el dinero y el papel que juega en su vida en este momento.

Antes de leer

5.4 Explorando el tema. ¿Por qué es importante revisar sus hábitos de gastar dinero? En el artículo de la página 125, encontrará varias sugerencias para retomar el control del dinero.

> **¡Fíjese!**
> El **se** impersonal se explica en **G4.4**, página 119.

Paso 1. Ésta es una lista de hábitos que se hacen para controlar los gastos. ¿Cuáles anticipa encontrar en el artículo? Consulte la lista de vocabulario en la página 125 antes de empezar.

cash

_____ 1. Se anotan los gastos con la cantidad exacta.

_____ 2. Se usa solamente dinero en efectivo° por un mes para hacer más fácil los cálculos.

_____ 3. Se atrasa con los pagos mensuales.

_____ 4. Se aprieta el cinturón.

_____ 5. Se emplea software para vigilar los gastos.

_____ 6. Se escriben cheques para tener una constancia escrita de cada gasto.

_____ 7. Se evitan las tarjetas de crédito.

_____ 8. Se endeuda.

Paso 2. El artículo menciona cinco categorías básicas de gastos, o sea, gastos que son necesarios e inevitables. Ponga una X en las cinco categorías que Ud. piense que son las más indispensables y que podrían aparecer en el artículo.

_____ 1. computadora e Internet

_____ 2. educación

_____ 3. comida

_____ 4. gas, agua y luz de la casa

entertainment

_____ 5. entretenimiento°

_____ 6. música

_____ 7. transporte

_____ 8. ropa

_____ 9. teléfono celular

_____ 10. vivienda

_____ 11. seguro médico

Paso 3. Échele un vistazo al artículo para averiguar si las sugerencias del **Paso 1** y las categorías del **Paso 2** que Ud. anticipaba aparecen en el artículo. (No lo lea, simplemente busque la información.) Tachen,° los hábitos del **Paso 1** que no aparecen en el artículo.

Cross out

Vocabulario pertinente	
Sustantivos	
el ahorro	*savings*
la caída	*fall*
la canasta	*basket*
la cartera de valores	*securities portfolio*
el mercado de acciones	*stock market*
el nivel	*level*
la supervivencia	*survival*
la tempestad	*storm*
Verbos	
apretarse el cinturón	*to tighten the belt*
atrasar	*to delay, get behind*
echarle la culpa	*to blame*
endeudarse	*to go into debt*
evitar	*to avoid*
inundarse	*to inundate*
jubilarte	*to retire*
Adjetivos	
ahogada/ahogado	*drowning*
desmedida/desmedido	*excessive*
placentera/placentero	*pleasurable*

A leer

Sobrevive la crisis económica: Seis estrategias para evitar el pánico y proteger tu dinero

Xavier Serbia, www.xavierserbia.com (Primavera 2008)

Cualquiera que sea **el nivel** o la situación que vivas, ten presente estas seis formas de mantenerte segura y estable financieramente. Toma nota y prepara tu «kit de **supervivencia** económica».

1. *Respira y sé objetiva.* La economía pasa por altas y bajas. Hay años de vacas gordas y años de vacas flacas. La realidad es que la economía es un órgano viviente que se expande y se contrae. Cuando se expande, trae beneficios; cuando se contrae, los quita.

5   Claro que no podemos culpar a la economía por todos nuestros problemas financieros. Quien **se endeudó**, no tiene **ahorros**, no creó una reserva de

emergencia, gasta en forma **desmedida** o «puso todos los huevos en una **canasta**», no puede **echarle la culpa** a la economía.

No es tiempo de señalar culpables. Es tiempo de mantener la calma, ser racionales y buscar soluciones.

2. *Crea una reserva de emergencia.* Cuando algo malo va a suceder, sucede. Cuando ocurre la pérdida de empleo, una enfermedad, un accidente o que Wall Street **se inunda** de préstamos, es que algo va a pasar. Entonces, pensamos en las tarjetas de crédito como la única solución. Una forma efectiva de repeler la mala suerte es tener guardado entre tres meses y un año de gastos mensuales regulares en una cuenta de ahorros, un certificado de depósito o una cuenta *Money Market* que preserve el principal, sea de fácil acceso y esté respaldada por la Corporación Federal de Seguro de Depósitos (*FDIC* en inglés).

3. *Pon tus gastos a dieta y aumenta el ingreso.* ¡¿Qué?! ¡¿Gastar menos y trabajar más?! Sí. Primero cubre las cinco bases: comida, ropa, transporte, vivienda y servicios públicos como agua, luz y gas. Para la mayoría de nosotros la palabra «necesidad» no significa comer un filete miñón de 12 onzas todos los días, comprar ropa de Gucci o conducir un Mercedes Benz. Significa poder cubrir lo indispensable para vivir.

A partir de ahí, hay que **apretarse el cinturón** y cortar gastos sin misericordia. Ataca las deudas con decisión y convierte tu casa en un *eBay*.

Aumenta también tus ingresos. Si te ofrecen la oportunidad, toma más horas o busca un segundo trabajo a tiempo parcial. En otras palabras, aumenta las entradas y disminuye los gastos.

4. *Controla las compras o los gastos grandes.* Una regla básica en finanzas: "el consumo se adapta a lo que tienes, y no al revés". Si muchas familias hubiesen entendido este principio, no habrían comprado propiedades que no podían pagar. Pero los deseos prevalecieron sobre la prudencia en las decisiones financieras. ¿Piensas enviar a tu hijo a una universidad donde ambos dejarían el alma para pagar la deuda? Comienza a ver con cariño la universidad pública de tu estado. Recuerda que es el estudiante quien hace a la universidad. ¿Pensabas **jubilarte** temprano? Tendrás que **atrasar** la fecha o acostumbrarte a vivir con menos porque es muy probable que tu **cartera de valores** haya perdido valor.

¿Pensabas comprar casa? Para el que está en condiciones financieras de hacerlo, éste puede ser el mejor momento para encontrar gangas en su área. Pero aquéllos que tienen el agua al cuello, deben atrasar la compra y definir cuáles son sus prioridades.

5. *Gana experiencia con lo que está pasando.* El mejor maestro es la experiencia. Sea buena o mala, cualquier decisión financiera la tenemos que estudiar y aprender de ella.

Si adquiriste un préstamo sin conocer las consecuencias, compraste una casa y ahora estás **ahogado** con el pago, tus inversiones perdieron valor por la **caída** del **mercado de acciones**, aprende de ello. No veas sólo el lado negativo, también reflexiona y observa qué decisiones tomaste, qué consejos seguiste y cuáles ignoraste. Nadie nace sabiendo. Todos cometemos errores financieros. Pero seremos mejores administradores de nuestro dinero cuando aprendamos de los errores de los demás, así como de los propios.

6. *Ahorra, ahorra, y ahorra.* ¿Ahorrar?... ¿qué es esto? Muchos hasta han olvidado que existe esta palabra en nuestro vocabulario. ¡Cuánta gente se hubiera **evitado** problemas si habrían ahorrado más y se habrían endeudado menos!

55   No es nada **placentero** estar con las deudas hasta el cuello, no poder dormir y pelear con todo el mundo como si ellos tuvieran culpa de nuestras decisiones financieras. ¿Sabes lo bien que se siente uno cuando las situaciones fuera de nuestro control pasan y tenemos ahorros suficientes para afrontar la **tempestad**? Prueba y verás que en verdad se siente muy bien.

Paso 4. Escriba una frase que exprese la idea principal de cada sección del artículo.

1. _____

2. _____

3. _____

4. _____

5. _____

6. _____

Después de leer

5.5 Pensándolo un poco más.

¡Fíjese!

Antes de empezar este ejercicio, lea la explicación del futuro en la sección **G5.1**, página 147.

🏠 **Paso 1.** ¿Seguirá las sugerencias del artículo en el futuro? Escriba la letra que corresponde a su respuesta.

S = ¡Sí! (Lo haré o ya lo hago), **Q** = Quizás, **N** = (Lo dudo mucho o no lo haré)

_____ 1. Planearé.

_____ 2. Me apretaré el cinturón.

_____ 3. Me endeudaré.

_____ 4. Ahorraré.

_____ 5. Crearé una reserva.

_____ 6. Pondré mis gastos a dieta.

🏠 **Paso 2.** Mencione tres sugerencias más del artículo que Ud. implementará en el futuro.

1. _____

2. _____

3. _____

🏠 **Paso 3.** Escriba tres preguntas que le preguntará a otra persona sobre sus planes de tomar las sugerencias del artículo. (Acuérdese que tiene que usar la forma **tú** del futuro.)

1. ¿_____?

2. ¿_____?

3. ¿_____?

👯 **Paso 4.** Hágale a otra persona las preguntas del **Paso 3** y conteste sus preguntas.

👯 **Paso 5.** Una/Un estudiante va a anotar los planes de la clase. Hablen de si son realistas. ¿Por qué las intenciones a veces no se convierten en acciones? Compartan sugerencias para hacer más específicos los propósitos para que en realidad se cumplan.

EXPRESIÓN CULTURAL

La Virgen de Guadalupe

Antes de leer

Vocabulario pertinente

Sustantivos

el cerro	*hill*
el/la indígena	*indigenous person*
la misa	*mass*
el obispo	*bishop*
el orgullo	*pride*
la patrona	*patron saint*
la prueba	*proof*
el recado	*message*
el sacerdote	*priest*
la señal	*sign*
la tilma	*cloak worn by indigenous men*

Verbos

acudir	*to seek or go to (for aid)*
arrodillarse	*to kneel*
coger	*to gather*
demostrar	*to show*
desplegar	*to unfold*
detenerse	*to stop*
erigir	*to build*
esparcirse	*to scatter*
hallarse	*to be; to find oneself*
trasladarse	*to move*

Adjetivos

asombrada/asombrado	*astonished*
sencilla/sencillo	*simple*

Imagen de la Virgen de Guadalupe en la
Iglesia Catedral de San Francisco de Asís,
Santa Fe, Condado de Santa Fe, Nuevo
México

5.6 ¿Qué saben de la Virgen de Guadalupe? Elijan una respuesta
según sus conocimientos de la Virgen de Guadalupe.

1. En México, la Virgen de Guadalupe se considera…

   a. la patrona.

   b. una diosa.

   c. una santa.

2. Se dice que la Virgen se le apareció a un indígena…

   a. en tiempos prehistóricos.

   b. pocos años después de la Conquista (en el siglo XVI).

   c. en el siglo XIX.

3. Se celebra la aparición…

   a. el 6 de enero.

   b. el 5 de mayo.

   c. el 12 de diciembre.

4. La mayoría de los mexicanos…

   a. no creen que apareciera la Virgen.

   b. creen que apareció la Virgen.

5.7 La importancia de la fe. ¿Es importante tener creencias religiosas?

👥 **Paso 1.** Escriban una lista de los beneficios y los peligros de la fe.

Lo que yo pienso sobre la fe	
Los beneficios de la fe	Los peligros de la fe
1.	1.
2.	2.
3.	3.
4.	4.

👥 **Paso 2.** Comparta su lista con la clase y escriba otra lista con los resultados sobre la fe.

👥 **5.8 La religión en venta.** Hay tiendas y sitios web que venden artículos religiosos de todo tipo. Escriban una lista de los artículos que Uds. han visto (o han comprado) que pueden ser considerados religiosos.

MODELO: _camiseta con texto religioso_ _____

1. _____ 3. _____

2. _____ 4. _____

Mientras lee

5.9 La imagen de la Virgen. En México se pueden comprar muchos artículos con la imagen de la Virgen de Guadalupe. ¿Cuáles son los que se mencionan en el primer párrafo de la página 132?

1. _____ 4. _____

2. _____ 5. _____

3. _____ 6. _____

5.10 Datos esenciales. Busque los siguientes datos a continuación en la primera parte de la lectura, «El culto a la Virgen de Guadalupe».

1. Fecha de la celebración de la Virgen de Guadalupe _____

2. Fecha de la aparición a Juan Diego _____

3. Lugar de la Basílica a la Virgen de Guadalupe _____

4. Año de la conquista de México por los españoles _____

5. Clase social de Juan Diego _____

5.11 Los eventos de la historia. Complete cada oración con la selección más lógica.

1. Juan Diego era…
   a. un cura.
   b. un indígena.
   c. un obispo.

2. Juan Diego estaba en… cuando se le apareció la Virgen.
   a. su casa
   b. Tepeyac
   c. un camino

3. El obispo quería que…
   a. Juan Diego volviera a casa.
   b. le trajera una prueba.
   c. la Virgen se le apareciera a él.

4. Cuando subió a la cumbre, Juan Diego…
   a. vio unas rosas.
   b. construyó la basílica.
   c. encontró a su tío.

5. Cuando Juan Diego abrió la tilma,…
   a. no había nada.
   b. el obispo no le habló.
   c. se veía la imagen de la Virgen.

6. El obispo estaba alegre de que…
   a. el tío de Juan Diego se sanara.
   b. la Virgen se le apareciera a Juan Diego.
   c. las rosas fueran rojas.

5.12 El orden de los eventos. Ordene las oraciones a continuación en orden cronológica de cómo ocurren en la leyenda.

¡Fíjese!
Antes de hacer este ejercicio, estudie **G5.2**, página 148, y note el uso del imperfecto del subjuntivo en el segundo verbo de la oración.

_____ Juan Diego se quedó asombrado de que en la cumbre hubiera tantas rosas.

_____ La Virgen se le apareció a Juan Diego.

_____ El obispo invitó a Juan Diego a que se quedara en su casa.

_____ La Virgen le mandó a Juan Diego que hablara con el obispo.

_____ El obispo hizo que se construyera la basílica a la Virgen al pie del cerro de Tepeyac.

_____ El tío de Juan Diego le pidió que fuera a Tlatelolco.

_____ La Virgen le dijo a Juan Diego que subiera a la cumbre del cerro.

Las basílicas de la Virgen de Guadalupe

A leer

La Virgen de Guadalupe en México

Un tatuaje de la Virgen

1   Para los mexicanos, la Virgen de Guadalupe es
mucho más que una santa que ruega a Dios por
los necesitados. También, es un símbolo nacional
que se puede obtener en forma de camisetas,
5   velas, carteles, bolsas, tatuajes y estatuas. El 12 de
diciembre se celebra el día de la Virgen de
Guadalupe. Esta reconocida fiesta nacional atrae a
pilgrims   turistas y peregrinos° de todo el mundo para
celebrar su día en la basílica en Tepeyac. La Virgen
10   de Guadalupe es la **patrona** de muchas causas y
peticiones. **Acudir** a la Virgen es decir «soy
mexicano» con **orgullo**.
    La Virgen de Guadalupe se le apareció
a un hombre **indígena**, llamado Juan Diego, en el
15   año 1531, pocos años después de la Conquista
del imperio azteca por los invasores españoles en
el 1521. En la larga tradición de las apariciones de
la madre de Jesús a los seres humanos, el beneficiario favorecido de la visión es casi
siempre una persona humilde y pobre, como en el caso de Juan Diego.
20   La íntima conexión entre la religión católica y la identidad nacional en México
peak   llega a su cumbre° en la imagen de la Virgen de Guadalupe. La Basílica que se
construyó en el **cerro** de Tepeyac donde la Virgen se le apareció a Juan Diego
demuestra la importancia nacional de esta leyenda. Vamos a leer la historia de su
aparición a Juan Diego en el 1531.

La aparición de la Virgen de Guadalupe a Juan Diego

La primera aparición

En los tiempos coloniales en México, había un indio **sencillo** y modesto llamado Juan Diego. El sábado, el 9 de diciembre de 1531, Juan Diego pasaba junto al cerro del Tepeyac en camino a Tlatelolco para oír **misa**. De repente escuchó algo como el canto de pájaros finos que venía de la cumbre del cerrito. **Se detuvo** para escucharlo, y de pronto oyó que alguien lo llamaba y le decía: «Juanito, Juan Dieguito». Al llegar a la cumbre, vio a una Señora muy hermosa que le dijo: «Juanito, el más pequeño de mis hijos, ¿a dónde vas?». Juan Diego respondió, «A oír misa en Tlatelolco». Entonces la Señora le dijo, «Yo soy la Virgen Santa María, Madre del hijo de Dios, Jesús. Deseo que aquí se me **erija** un templo para que yo pueda mostrar y dar mi amor, compasión, auxilio y protección a todos ustedes». Y con eso la Virgen le mandó que fuera al **obispo**.

La segunda aparición

Cuando llegó a donde estaba el señor obispo, Juan Diego **se arrodilló** y, enseguida, le dio el **recado** de la Señora del Cielo y le contó todo lo que había visto y oído. Pero el obispo no le creyó, y Juan Diego salió triste y volvió a la cumbre del cerro del Tepeyac. Allí lo estaba esperando la Señora del Cielo y Juan le contó que el obispo no le había creído y que, por favor, enviara mejor a alguno de los hombres importantes de la colonia para entregarle el mensaje. Sin embargo, la Virgen le pidió y le mandó que al día siguiente fuera a ver otra vez al obispo.

La Virgen cura a Juan Bernardino

El domingo, después de misa, Juan Diego se fue al palacio del obispo. El obispo le dijo que necesitaba una **señal** para creerle. Juan Diego volvió a su casa, triste y confuso sobre cómo iba a convencer al obispo de la aparición de la Virgen. Cuando llegó a su casa, supo que su tío Juan Bernardino **se hallaba** gravemente enfermo. Por atender a su tío, Juan Diego no pudo volver al cerro de Tepeyac donde la Virgen le esperaba. Su tío le pidió que al amanecer se fuera a Tlatelolco a llamar a un **sacerdote** para que lo confesara y lo preparara para la muerte, pues estaba seguro de que se iba a morir.

El martes, 12 de diciembre, al pasar por el cerro de Tepeyac en camino a Tlatelolco, la Virgen le salió al encuentro. Juan Diego le contó que iba con mucha prisa a traer a un sacerdote que confesara a su tío. La Virgen le dijo que su tío ya estaba curado y que subiera a la cumbre del cerro a cortar unas flores.

El milagro de las rosas

Juan Diego subió al cerro, y cuando llegó a la cumbre, se quedó **asombrado** de que allí hubiera tantas rosas, porque no era tiempo de ellas y, además, hacía mucho frío. La Virgen cortó y **cogió** las flores con su mano y luego las puso en la **tilma** de Juan Diego y le dijo, «Hijo mío, estas rosas son la **prueba** y señal que llevarás al obispo».

Al llegar al palacio del obispo, los sirvientes le anunciaron. Juan Diego entró, y le contó que había hecho lo que él había ordenado y que le había dado a la señora su mensaje. Al **desplegar** su tilma, las rosas **se esparcieron** por el suelo. Y en la tilma apareció dibujado la preciosa imagen de la Virgen Santa María. El obispo llevó la imagen de la Virgen a su oratorio e invitó a Juan Diego a que se quedara en su casa aquella noche. Al llegar a su casa al día siguiente, Juan Diego encontró que su tío estaba sano. Su tío le contó que la Virgen se le había aparecido a él también en el mismo momento en que Juan recogía las flores en la cumbre del cerro de Tepeyac.

El obispo hizo que se construyera el templo a la Virgen al pie del cerro de Tepeyac. Luego la tilma con la imagen de la Virgen **se trasladó** al templo de Tepeyac donde aún permanece. Y hoy en día se celebra la aparición de la Virgen de Guadalupe a Juan Diego el 12 de diciembre.

Después de leer

5.13 ¿Afirmación o duda?

Paso 1. Escriba su opinión personal sobre la aparición de la Virgen a Juan Diego. ¿Cree que esto pudo haber ocurrido? ¿Por qué?

Mi opinión: _____

Mi razonamiento: _____

Paso 2. Ahora, busque a alguien en la clase que tenga otra opinión sobre la Virgen de Guadalupe. Escriba lo que piensa su compañera/compañero.

La opinión de la otra persona: _____

Su razonamiento: _____

> **¡Fíjese!**
> Consulte la sección **G5.2** en la página 148 cuando necesite repasar el imperfecto del subjuntivo.

5.14 Un resumen de la lectura. En un párrafo de 75–100 palabras, escriba un resumen breve de la historia de la Virgen de Guadalupe. Use sus propias palabras, el tiempo pasado y no copie frases del texto.

Afuera de la Basílica de Guadalupe

Una vela de la Virgen de Guadalupe

Placa para el interruptor de luz con la Virgen de Guadalupe

5.15 ¿La Virgen en venta? En México la presencia de la Virgen como un producto que se puede comprar es ubicua. Consulte un sitio de Internet que venda productos de la Virgen de Guadalupe.

Paso 1. Mire la lista de artículos y responda a las siguientes preguntas.

El sitio web: _____

Mencione algunos artículos que venden con la imagen de la Virgen de Guadalupe:

_____   _____

_____   _____

_____   _____

1. ¿Cuánto cuesta el artículo más caro? _____

2. ¿El más barato? _____

3. ¿Cuál es el más religioso? _____

4. ¿El menos religioso? _____

5. ¿Compraría alguno de estos artículos? ¿Cuál? ¿Por qué sí o no?

_____

6. ¿Cuál cree que comprarías si fueras católico mexicano? ¿Por qué?

_____

7. ¿Piensas que estos artículos son ofensivos, excesivos o que homenajean a la Virgen? _____

Explique: _____

Paso 2. Primero, compartan las respuestas del **Paso 1.** Después, piensen en los artículos religiosos que usan/tienen los miembros de la clase. Escriba una lista de los artículos religiosos que las personas en la clase poseen o que tienen en su casa.

1. _____

2. _____

3. _____

4. _____

5. _____

Paso 3. Hablen de la importancia de los productos religiosos. ¿Por qué son populares?

CONTEXTO GLOBAL

El mercado en México

Miguel Ramírez habla de su vida como vendedor (México, D.F., México).

Nos presentamos

Nombre: Miguel Ramírez

Edad: 38 años

Residencia: México, D.F.

Profesión: vendedor

Educación: Quinto de primaria

México, D.F.

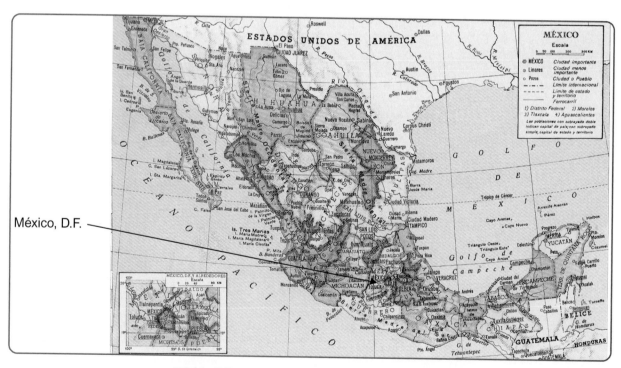

México, D.F.

Introducción

El sueldo mínimo en México es muy bajo. Al igual que en los Estados Unidos, una persona que gana el sueldo mínimo difícilmente puede pagar los gastos diarios. Escuchemos a Miguel Ramírez, quien habla de sus experiencias con el trabajo y el sueldo mínimo.

> **Vocabulario pertinente**
>
> *Verbos*
>
> agradecer   *to be grateful*
>
> conseguir   *to get*
>
> rendir   *to profit; to yield*

Antes de escuchar

wide avenue that leads up to the Basilica of Guadalupe

5.16 La vida de un vendedor. Los vendedores que antes vendían en la Calzada de Guadalupe° ahora venden en un mercado. Marque con una X lo que cree o duda de la nueva situación (el mercado).

	lo creo	lo dudo
Se gana más en la calle que en el mercado.		
Se venden aparatos electrónicos en el mercado.		
Se cubren los gastos de la casa con las ganancias°.		
Se gana el equivalente del sueldo mínimo.		

earnings

5.17 Aparatos electrónicos. Miguel vende aparatos electrónicos. Liste tres aparatos electrónicos que piensa Ud. que se venden en las calles de México.

_____   _____   _____

A escuchar

Was I right?

5.18 ¿Acerté?° Mientras escucha, consulte la actividad **5.16** y revise sus respuestas. Apunte aquí las diferencias.

_____

_____

5.19 Comparando la vida de Miguel y mi vida.

Paso 1. Para las siguientes oraciones 1A, 2A, 3A, etc., llene el espacio en blanco con la palabra correcta según la información que da Miguel.

Paso 2. Para los siguientes ejercicios 1B, 2B, 3B, etc., complete la frase con su información personal. (**OJO:** Ponga el archivo audio en pausa para completar las frases B con información personal.)

1A. Miguel trabaja en un _____ que se llama Ferroplaza.

1B. Yo trabajo en _____.

2A. En el trabajo, Miguel vende televisores, _____, radio-despertadores, _____, calculadoras y _____.

2B. En el trabajo, yo _____

_____.

3A. En el mercado, Miguel gana _____ pesos <u>al día</u>.

(Equivalente en dólares*: _____.)

3B. En mi trabajo, gano _____ dólares por hora.

(Equivalente en pesos*: _____.)

4A. Algunas de las dificultades financieras que tiene Miguel:

_____

_____.

4B. Algunas de las dificultades financieras que tengo yo:

_____

_____.

Después de escuchar

♀♂ **5.20 Compartiendo mis dificultades financieras.** Con una compañera/un compañero, compare sus respuestas del número 4B de la actvidad 5.19.

🏠 **5.21 En otras condiciones.** Marque con una *X* las oraciones que Ud. considera probables en el caso de Miguel, dada la circunstancia hipotética de cada caso.

_____ **1.** Miguel ganaría más dinero si consiguiera otro trabajo en México.

_____ **2.** Miguel continuaría vendiendo en su puesto en Ferroplaza si consiguiera un trabajo que le pagara más.

_____ **3.** Miguel no sería pobre si emigrara a otro país.

_____ **4.** La esposa de Miguel no trabajaría si Miguel ganara más dinero.

_____ **5.** Los hijos de Miguel irían a la universidad si Miguel ganara más.

_____ **6.** Miguel compraría una casa si pudiera.

> **¡Fíjese!**
> Antes de hacer este ejercicio, estudie la sección **G5.3** y **G5.4**, páginas 150 y 151. Note el uso del condicional en la primera parte de la frase y el imperfecto del subjuntivo en la cláusula con **si**.

_____

*Nota: Encuentre un sitio web que informe sobre la tasa de cambio (*exchange rate*).

♟♟ **5.22 Ofrézcanse soluciones.** Hablen de las dificultades financieras de Miguel (4A de la actividad **5.19**). ¿Cuáles son las causas de su situación? ¿Hay soluciones?

a back-story

♟♟♟ **5.23 La vida de Miguel.** En grupos de tres o cuatro personas, inventen «un trasfondo°» para Miguel. ¿Cómo era su vida de niño? ¿Por qué hace este trabajo? ¿Cuáles fueron las reacciones de él y su familia cuando el presidente decidió «limpiar las calles»?

REFLEXIÓN

> **¡Fíjese!**
> Antes de escribir, repase la sección **G5.3** y **G5.4** en las páginas 150 y 151.

Ganar el sueldo mínimo en México. Imagínese viviendo como Miguel Ramírez (vendiendo en un mercado) y ganando unos cuantos dólares al día. Ud. va a escribir una composición considerando qué tan diferente sería su vida si Ud. o sus padres vivieran en México ganando el sueldo mínimo.

Antes de escribir

5.24 Lluvia de ideas.

Paso 1. Piense en las cosas que cambiarían si Ud. viviera en México y ganara (o sus padres ganaran) el sueldo mínimo. Marque con una X sólo los aspectos que cambiarían drásticamente.

_____ familia

_____ casa

_____ trabajo

_____ tiempo

_____ vida estudiantil

otro: _____

♟♟ **Paso 2.** Comparta sus respuestas con una compañera/un compañero y hablen de sus razones. Después de escuchar las respuestas de la otra persona, si es necesario, reescriba sus propias respuestas.

♟♟♟ **Paso 3.** Una compañera/Un compañero va a escribir en la pizarra los resultados. Hablen de los posibles cambios y por qué creen que serían o no drásticos.

MODELO: Mi trabajo cambiaría un poco. Aquí mi familia tiene un restaurante pequeño y yo ayudo en todo lo que puedo. Creo que haría lo mismo en México, pero ganaríamos menos.

5.25 Unos apuntes más. Después de hacer las actividades en clase, piense en tres aspectos de su vida que cambiarían si viviera en México y ganara sueldo mínimo. Escriba cada uno y anote cómo cambiaría su vida.

MODELO: <u>Mi vida estudiantil</u> .

APUNTES: <u>Tal vez no sería estudiante o tendría que trabajar mientras estudiara.</u>

1. _____.

   Apuntes: _____

2. _____.

   Apuntes: _____

3. _____.

   Apuntes: _____

A escribir

5.26 El bosquejo de mis ideas. Hay varias maneras de generar un plan de escritura. Consulte el **Apéndice B** en la página 154 para ver un bosquejo. Su profesora/profesor le dirá si acepta otro tipo de esquema.

Después de escribir el bosquejo, piense en lo siguiente:

Título provisional: _____

Tesis (una frase unificante para toda la composición): _____

_____

Incluya el título y la tesis en su bosquejo.

5.27 El primer borrador. Siga los pasos para organizar sus ideas en el bosquejo.

Paso 1. Use sus apuntes anteriores y el vocabulario relevante para organizar su borrador.

- Posible introducción y tesis: Si viviera en México y ganara el sueldo mínimo, mi vida sería muy distinta a mi vida en los Estados Unidos.

- Una descripción breve de su vida actual, su trabajo, su familia, el trabajo de sus padres, la casa donde viven y su vida como estudiante.

- Una descripción de cómo sería su vida como trabajador o como hija/hijo de trabajadores mexicanos que ganan el sueldo mínimo. Use el condicional o si usa una condición hipotética con **si**, use el imperfecto del subjuntivo. Por ejemplo, «Si ganara el sueldo mínimo, no viviría en una casa muy grande».

- Observaciones sobre la vida de los trabajadores de sueldo mínimo en México y las posibles opciones que tienen.

- Un párrafo de conclusión: Un resumen de las ideas de la composición.

Paso 2. Revisión. Intercambie el borrador con una compañera/un compañero. Ayúdense con el contenido primero y la gramática después.

5.28 La composición. Escriba una composición usando el bosquejo y el borrador anterior. Véase el ejemplo de la relación entre el bosquejo y la composición en el **Apéndice C**, página 155.

Después de escribir

Repase su trabajo final. Utilice esta lista para evitar errores comunes:

- Pase el corrector ortográfico.
- Examine los sustantivos: ¿Todas las palabras que lo modifican tienen el mismo género (femenino, masculino) y número (plural, singular)?
- Examine los verbos: ¿Concuerdan con los sujetos? ¿Ha usado el tiempo que expresa lo que quiere decir? Cuidado con el condicional y el imperfecto del subjuntivo.
- Revise los acentos, los márgenes, el título, el encabezamiento y los otros detalles que la profesora/el profesor le haya pedido.

AMPLIANDO EL CONOCIMIENTO CON EXPERIENCIA

Servicio: El proyecto de café en San Lucas Tolimán —el café al precio justo

Los cafeteros de San Lucas Tolimán en Guatemala tienen una opción para vender el café al precio justo. Antes, la única opción era vender el café de sus cafetales a una de las grandes plantaciones de café en la vecindad de San Lucas. Los precios dependían del mercado internacional, y como la plantación de café servía de intermediario entre el dueño del cafetal y la compañía que iba a comprar el producto para la venta al exterior, el precio que recibía el dueño era aún más bajo. Por ejemplo, si el precio del mercado internacional por una libra de café era de .60 centavos (de dólar), la plantación le pagaba al dueño .45 centavos.

La cosecha de café

Para sobrevivir, el dueño necesitaba 1.20 dólares por libra. Cuando la parroquia de San Lucas se dio cuenta de la difícil situación de los dueños de los cafetales pequeños, decidieron establecer un negocio que se encargaría de procesar y vender el café. El negocio funciona como una cooperativa en que los dueños establecen el precio de una libra de café basado en los gastos incurridos al procesar, empacar y exportarlo a la parroquia patrocinadora New Ulm, en el estado de Minnesota. El café Juan Ana, producto de los cafeteros de San Lucas, les da a los dueños la oportunidad de subsistir y educar a sus hijos.

5.29 Las organizaciones que venden café comprado a precios justos.

Hay muchas organizaciones que venden café que han comprado a precios justos.

Paso 1. Visite la página web de *Diálogos* y encontrará una lista de los sitios donde se puede leer la misión de la compañía y cómo comprar sus productos. Elija uno de los sitios y responda a las siguientes preguntas.

Sitio web: _____

1. ¿Cómo se llama la organización?

2. ¿A quién le compran el café?

3. ¿Cómo deciden el precio que le van a pagar a los cafeteros?

4. ¿Cuáles son las variedades que venden?

5. ¿Cuánto cuesta una libra del café regular y del descafeinado?

6. ¿Cómo se compara este precio con una libra del café de Starbucks?

7. ¿Qué aprendió del concepto del comercio después de leer la información?

8. ¿Hay folletos que explican la misión, la historia y la variedad de los productos?

Paso 2. Noche solidaria con los cafeteros pequeños. Para elevar la conciencia de los participantes para que apoyen el movimiento de productos a precios justos, pueden organizar una «noche de sabores» en su universidad.

1. Compren café de tres o cuatro organizaciones que venden café a precios justos.

2. Soliciten folletos con la misión e historia y productos de cada organización. Ofrezcan muestras del café de cada organización y también, ténganlo a la venta.

liven up

3. Para atraer a lientes, amenicen° el evento con música. Puede ser con grupos musicales de estudiantes o pueden invitar a un DJ.

4. Vendan galletas, pasteles o chocolates que vayan bien con el café. Algunas organizaciones venden chocolates a precio justo; inclúyanlos en el menú.

5. Inviten a profesores, empleados, estudiantes y miembros de la comunidad. También deben invitar a varias instituciones religiosas y compañías locales de su área para promover el uso del café a precios justos.

Paso 3. Evaluación y celebración. Con su grupo de trabajo, evalúen el éxito del evento. ¿Asistió mucha gente? ¿Les gustó el café? ¿Van a comprar café a precios justos en el futuro? Celebren el trabajo que lograron con café y postre—¡a precios justos, por favor!

Aplicación: En el mercado mexicano (una simulación)

En el mercado mexicano

Preparándose para la experiencia

Con esta experiencia tendrá la oportunidad de entender mejor el «mercado» (tanto a nivel local como mundial). En preparación para la simulación, vamos a leer sobre «El Índice Big Mac», un sistema que se usa para comparar precios de productos de las grandes corporaciones que se venden en múltiples países. En este caso se habla de productos de varias corporaciones que venden en México y en los Estados Unidos.

Visite la página web de *Diálogos* y encontrará actividades complementarias.

A leer

El Índice Big Mac

1   Desde 1994, la revista http://esp.mexico.org/bigmac/BigMac_files/frame.htm ha estado comparando precios entre México y los Estados Unidos. El estudio consiste en ir de compras en un supermercado de estos países y comprar productos idénticos. Un elemento importante es que los productos se fabriquen° tanto en México como en
5   los Estados Unidos y que sean productos de «la misma empresa° que produce el mismo producto, con la misma fórmula, el mismo empaque°, el mismo contenido, el mismo control de calidad, con la misma publicidad y promoción».

En 2008, se efectuaron compras en México, D.F. y en San Antonio, Texas, EEUU. «Una canasta°» contaba de 67 productos. En México, la compra costó $2044.37 pesos

se... are produced
company
labeling and packaging

basket

exchange rate

10 y en los Estados Unidos $164.45 dólares. El valor de cambio° en ese año estaba a 10.49 pesos por dólar. Comparando pesos con pesos, la canasta en Estados Unidos costó 1725.07 pesos, o sea 18% menos.

Al contrario de lo que se piensa, el estadounidense que va a México a comprar encuentra los productos más caros, mientras que el mexicano que compra en los

ahorra... saves an average

15 EEUU ahorra un promedio° de 18%.

Cabe mencionar que hay muchos productos de uso y consumo diario en los dos países que no se consideraron en este estudio. La familia típica mexicana

son... are subsidized

come tortillas, frijoles, arroz y otros productos que son subsidiados° por el gobierno. Además, hay productos y servicios que son de distinta calidad y que no

20 sería justo la comparación.

La realidad del trabajador mexicano, tanto los que ganan salario mínimo como los que no, es que no ganan lo suficiente para comprar los productos que consumen. Por ejemplo, comparamos los salarios y obligaciones de un chofer de un camión de Coca-Cola en México y en los Estados Unidos. Los dos manejan sus camiones cargados de

25 refrescos a los establecimientos que consumen el producto. Llevan la cuenta del número de cajas o latas que entregan, las que descargan del camión y una vez que terminan con la entrega obtienen la firma del encargado. Aunque el trabajo y los salarios son idénticos, lo que se compra (el poder adquisitivo) no es igual. El chofer de Coca-Cola en Estados Unidos puede comprar 41.68 latas de refresco (ganando

30 $15.84 por hora y cada lata le cuesta $0.38 centavos) mientras que el chofer de Coca-Cola en México puede comprar 10.08 latas (ganando $44.86 pesos por hora y la lata de Coca-Cola cuesta $4.45 pesos). La notable diferencia es de 76%.

5.30 Introducción al mercado[1]**.** La mayoría de los estadounidenses que visitan México comentan que las cosas son baratas en ese país. Esta actividad nos invita a imaginar cómo es la vida desde la perspectiva de los trabajadores mexicanos. El propósito es proveer una idea de los costos básicos de una familia típica mexicana.

Paso 1. Con una compañera/un compañero, revise los gastos de la página 124, 5.4 Paso 2. Hable de los gastos que Ud. tiene y los gastos en la casa de un mexicano que gana el sueldo mínimo.

Paso 2. Primero, compare el sueldo mínimo de México con el de Estados Unidos. En México, los trabajadores ganan por día (de 8 a 12 horas), así que hay que hacer unos cálculos. Siga los pasos a continuación (para información más actualizada, busque en Internet.)

 a. El sueldo mínimo mexicano es de aproximadamente 55 pesos al día.
 b. 55 pesos /10 horas (un día laboral) = _____ pesos/hora
 c. _____ ×13 (o el valor de cambio actual)
 d. = _____ (US$)/ hora

Comparen la cantidad de (d) con el sueldo mínimo de los Estados Unidos ($8.25 en 2010)

---

[1]Esta actividad fue inspirada por el Center for Global Education at Augsburg College en México (http://www.augsburg.edu/global/).

👥 **Paso 3.** El día antes de la simulación, practiquen el arte de negociar o regatear. Escriban y practiquen el diálogo, usando vocabulario de la lista a continuación. Primero, deben averiguar el precio, usando las preguntas y respuestas de la primera parte de la lista (1). Después, deben de regatear, usando la segunda parte de la lista (2). Por último, deben comprar o no el producto, usando la tercera parte de la lista (3).

(1) Preguntas para averiguar el precio	Respuestas para vender
¿Cuánto cuesta... ?	Cuesta...
¿Cuánto vale... ?	Vale...
¿A cuánto me vende... ?	Se vende a...
¿Cuánto es... ?	Está a...
¿Cuánto quiere por... ?	
(2) Para regatear	
Cliente:	Vendedor:
¡Es muy caro!	Yo tuve que pagar...
No puedo pagar tanto.	Se la dejo en...
Se las compro en...	No, pero se lo doy en...
Le ofrezco...	Es muy poco.
¿Puede rebajar el precio?	No puedo bajar el precio más.
Lo más que puedo pagar es...	
(3) Para terminar el regateo	
Cliente:	Vendedor:
Está bien. Se los compro en...	Es mi última oferta.
No, es muy cara.	No puedo ofrecérselo por menos.
Bueno, otro día lo compro.	Gracias por su compra.

👥 **Paso 4.** Uds. van de compras y deben de gastar todo el dinero que tienen. Tienen que hacer una compra en cada tienda/puesto. Mientras van comprando, escriban una lista de lo que han comprado y lo que pagaron por cada artículo. Luego escriban una lista de las cosas que necesitaban, pero que no pudieron comprar porque no tenían suficiente dinero. Si Ud. es vendedor, apunte lo que vendió y el dinero que recibió.

Nuestras compras (o ventas)	Precio	Lo que no compramos

Paso 5. Reflexiones sobre el mercado. Escriba sus respuestas a las siguientes preguntas y dé su opinión para el número 6.

1. ¿Hay algunos artículos en su lista de compras que no son necesarios?

2. ¿Cómo decidieron la importancia de las cosas en la lista?

3. ¿Hay algunas cosas necesarias que no pudieron comprar?

4. ¿Es suficiente lo que gana un trabajador mexicano?

5. Imagínese que Ud. tiene dos o tres niños y ganan uno o dos sueldos mínimos si hay dos adultos en la familia. Todos los niños están en la escuela. Ud. tiene que pagar la matrícula, los gastos médicos, el transporte, la comida, la renta, etc. ¿Gana lo suficiente? ¿Cuáles son las opciones si quiere ganar más?

6. En una hoja aparte, escriba su opinión sobre la situación de un trabajador que gana el sueldo mínimo en México y reflexione sobre lo que aprendió de esta simulación del mercado. (50 palabras)

EXPLICACIONES GRAMATICALES

G5.1 Expresando el futuro en español (*Expressing the future in Spanish*)

The future tense is used to express future plans and goals. In general it is less frequent than the ir+a+*infinitivo* construction.

The formation of the future tense

The future tense is formed by combining the infinitive with a set of endings. The future tense and the conditional tense have the same irregular roots, though their endings are different.

The conditional and the future are often presented together because they have the same irregular stem, but other than this grammatical commonality, they are not used interchangeably. The following chart shows conjugations for the future tense.

Subject	Comprar (verbo regular)	Valer (verbo con cambio radical)
yo	compraré	valdré
tú	comprarás	valdrás
ella/él, Ud.	comprará	valdrá
nosotros	compraremos	valdremos
vosotros	compraréis	valdréis
ellas/ellos, Uds.	comprarán	valdrán

Irregular stems (for future and conditional)

Verb	Irregular stem	Verb	Irregular stem
caber	cabr-	saber	sabr-
decir	dir-	salir	saldr-
haber	habr-	tener	tendr-
poder	podr-	valer	valdr-
poner	pondr-	venir	vendr-
querer	querr-		

Using the future tense

The future tense has two distinct usages, as expressed below.

1. To express future time:

Marisela ahorrará para comprar una casa.	*Marisela will save to buy a house.*
Anotaremos los gastos en el nuevo software.	*We will make note of our expenses in the new software.*

2. To express uncertainty or "wondering":

¿Será verdad la historia de la Virgen de Guadalupe?	*Do you think the story of the Virgin of Guadalupe is true?*
¿Querrán hablar de sus creencias en público?	*I wonder if they will want to speak about their beliefs in public?*

Just as in English, Spanish has a variety of ways to express the future. Often the present tense is used to express the future, especially when the action described is very close to the present, as in the following examples:

La basílica abre a las 8:00 mañana.	*The basilica opens at 8:00 tomorrow.*
Mi madre va al banco el sábado.	*My mother is going to the bank on Saturday.*

The simple future is very common in Spanish and is formed by combining a present tense conjugation of the verb **ir** with an infinitive, using the formula **ir+a+*infinitivo***, as in these examples:

Los investigadores del Índice Big Mac van a comparar precios en agosto.	*The Big Mac Index researchers are going to compare prices in August.*
Vamos a ganar más vendiendo en la calle que en el mercado.	*We will earn more selling on the street than in the market.*

G5.2 El imperfecto del subjuntivo *(The Imperfect Subjunctive)*

The imperfect (past) subjunctive is used in many of the same ways that the present subjunctive is used, only it is used in situations that refer to past time. In addition, the imperfect subjunctive is used in contrary-to-fact statements, where a conditional statement depends on a situation that does not in fact exist. In these statements the speaker hypothesizes what might be under different circumstances. This use will be presented in **G5.4**.

Formation of the imperfect subjunctive

The imperfect subjunctive is based on the third-person plural preterit conjugation of the verb (that's the **ellas/ellos, Uds.** form). As you may recall, the preterit is highly irregular, so in order to successfully form the imperfect subjunctive you may need to review **G2.1** where both regular and irregular preterit conjugations were presented.

Once you are able to determine the third-person plural form of the preterit, the imperfect subjunctive is completely regular in its construction. To form the stem of the imperfect subjunctive, follow the steps presented below:

Stem of the imperfect subjunctive

Verb	Third-person plural of preterit	Take away *-ron*
ahorrar	ahorraron	ahorra-
deber	debieron	debie-
invertir	invirtieron	invirtie-
poner	pusieron	pusie-
ir	fueron	fue-
decir	dijeron	dije-
estar	estuvieron	estuvie-

Endings for the imperfect subjunctive

All verbs have the same endings in the imperfect subjunctive. However, there are two sets of endings possible for all verbs. The **-ra** endings are the most common and are almost exclusively used in speech. The **-se** endings are less commonly used and are normally encountered in writing.

Subject	*Ahorrar* with -ra endings	*Ahorrar* with -se endings
yo	ahorra**ra**	ahorra**se**
tú	ahorra**ras**	ahorra**ses**
ella/él, Ud.	ahorra**ra**	ahorra**se**
nosotros	ahorrá**ramos**	ahorrá**semos**
vosotros	ahorra**rais**	ahorra**seis**
ellas/ellos, Uds.	ahorra**ran**	ahorra**sen**

Review of the uses of the subjunctive

The same situations that trigger the use of the present subjunctive in a present or future construction can trigger the use of the imperfect subjunctive in a past situation. Note that in all of the situations below, the reference is to a time in the past. The uses, however, compare with those presented in **G3.3.**

- **Influence:**

  Mi madre siempre me decía que
  no gastara mi dinero sin pensarlo
  bien.

  My mother always told me not to spend my money without thinking about it.

- **Emotion/Opinion:**

  Es una lástima que Miguel ganara
  más en el trabajo previo.

  It's a pity that Miguel earned more in his previous job.

Note that the feeling can be expressed in the present or the past, but the job was held in the past, so the imperfect subjunctive is required.

■ **Indefinite antecedent:**

An adjective clause, usually beginning with **que**, describes something that is not known or does not refer to something specific:

¿Había alguien allí que les pudiera dar consejos sobre sus hábitos de gasto?	*Was there someone there who could have given them advice regarding spending habits?*

■ **Doubt/Denial:**

La cliente no creía que los precios fueran tan altos.	*The shopper did not believe that prices were so high.*

■ **Possibility:**

Es probable que el obrero ganara sueldo mínimo cuando vivía en México.	*It's likely that the laborer earned minimum wage when he was living in Mexico.*

■ **Future action in relation to a past point in time:**

Iría al mercado cuando acabara de escribir su lista de compras.	*She was going to go to the market when she finished writing her shopping list.*

G5.3 La formación del condicional (*Formation of the conditional*)

The conditional is formed by adding an ending to the *infinitive* of the verb (the whole verb without dropping -**ar**, -**er**, or -**ir**). The ending is the same for all verbs. The conditional and the future are often presented together because they have the same irregular stem, but other than this grammatical commonality, they are not used interchangeably. See **G5.1** for an explanation of the future tense in Spanish and notice how the root is the same, including the irregulars, but the endings are different. The following chart shows conjugations for the conditional.

Subject	Comprar (regular verb)	Valer (verb with irregular stem)
yo	compraría	valdría
tú	comprarías	valdrías
ella/él, Ud.	compraría	valdría
nosotros	compraríamos	valdríamos
vosotros	compraríais	valdríais
ellas/ellos, Uds.	comprarían	valdrían

Use of the conditional

The conditional is used in the main (or independent) clause to express a possibility, conjecture, or politeness. Specific examples follow.

- To show possibility or supposition—how things would or could be[2]

    Bajo diferentes condiciones económicas, el mercado de acciones subiría.

    Under different economic circumstances, the stock market would go up.

- To express hypothetical circumstances

    Sería interesante hablar con los mexicanos sobre la importancia de la Virgen de Guadalupe.

    It would be interesting to talk to Mexicans about the importance of the Virgin of Guadalupe.

- To show politeness or deference

    ¿Podría decirme a qué hora podemos ver la tilma de Juan Diego en la Basílica?

    Could you tell me when we can see Juan Diego's cloak at the basilica?

G5.4 Oraciones hipotéticas (El condicional e imperfecto del subjuntivo)

When a sentence is built on a condition that does not exist or is contrary to fact (for example "*If I were you...*"; since I'm not you, this is contrary to fact), a compound construction is used. The dependent clause ("*If I were you...*" is the dependent clause since it depends on something else to make it a complete sentence) employs the imperfect subjunctive and the independent clause (... *I would spend less money*) requires the conditional. The conditional mood is used to express what would happen and the imperfect subjunctive expresses the contrary-to-fact condition that the behavior depends upon. The speaker projects herself/himself into a hypothetical situation to describe behavior and beliefs that she/he is unable to act upon because of the missing condition. This is different from a simple cause-and-effect statement, which also uses an *if*-clause that expresses a general truth or behavior. The examples below demonstrate the difference.

Contrary-to-fact statement:

Si tuviera un buen trabajo, podría ahorrar más dinero.	*If I had a good job, I could save more money.*
	Implied: *I don't have a good job.*

---

[2]Be careful with translations, however, because *would* can also be used to express habitual past actions as in, "As a child, I would walk to school every day," which would require the imperfect **andaba**.

Cause-and-effect statement:

Si visitas la capital de México, tienes que ir a la Basílica a la Virgen de Guadalupe.	*If you visit the capital of Mexico, you must go to the Basilica of the Virgin of Guadalupe.*

This condition may occur, and if it does, the resulting action will be possible. *You may go to Mexico, but that is not yet known.*

The order of the independent and dependent clauses in the contrary-to-fact statements is interchangeable, but the dependent (or subordinate) clause begins with *if* (**si**) and requires the use of the imperfect subjunctive. The independent clause, which could stand on its own, uses the conditional mood. If the independent clause is written first, a comma is needed:

Dependent clause	+	**Independent clause**
Si Miguel vendiera en la calle,		ganaría más dinero.

Independent clause	+	**Dependent clause**
Miguel ganaría más dinero		si vendiera en la calle.

In addition to expressing an idea that depends on a condition, in Spanish the conditional mood may also be used to ask for or suggest something in a polite way. Note the following examples:

¿Me podría decir cómo ahorrar dinero?	*Could you tell me how to save money?*
Polite asking	
Invertiría un poco de dinero cada mes.	*I would invest a little bit of money every month.*

Pautas para las composiciones

Each chapter of this textbook includes a writing assignment or **reflexión** related to the theme. The purpose of these assignments is to get you to think more about the matters being presented and discussed in class. Writing is a process, and as such, you should prepare to write by consulting the assignment in the *Reflexión* section of each chapter. It will guide you through brainstorming and prewriting activities. This is an essential step to writing. Then you will be guided in writing an outline (**bosquejo**). At this stage you should be as thorough as possible looking up words you don't know and thinking about which verb forms you'll need to express yourself accurately and adequately.

Finally, you will write the first draft of the composition. If you do this in class, you may not be allowed to consult your outline while you are writing. In this case, be sure you go in prepared with the organization of the composition clear in your mind and review any vocabulary items that you looked up during the outline stage. If you write it at home, you will use your outline to keep you on track, but flesh out the document with details. On the next two pages you will find a sample of an outline and a composition.

Use the following as general guidelines unless your instructor indicates that you should do otherwise:

- Outlines should be typed using the format on the following page (1.5 spacing instead of double is fine for an outline).
- All drafts of compositions will be:
  o Typed in Microsoft Word®
  o Double-spaced with 1" margins all around
  o Be in 11- or 12-point font
  o On the first page, have a *single spaced* heading that includes your name, the date, your course number and section, the page reference or name of the assignment, and a word count of the text body (see sample on the following pages).
  o Second page header can be the same as that of the first page or just your name and page 2, page 3 etc.
  o All diacritical marks (accents, tildes, etc.) will be done by computer (not handwritten).

El bosquejo

¿QUIÉN SOY YO*?

Tesis: Soy quien soy a causa de mi familia, mi nacionalidad y mis decisiones profesionales.

    I. Las cosas que influyen en mi identidad

        A. Mi familia

        B. Mi nacionalidad

        C. Mi vida como estudiante

   II. Mi identidad entre la familia

        A. Soy hermana e hija.

        B. Mi familia es grande.

        C. Mis hermanos menores viven con mis padres.

        D. Mis hermanos mayores están casados.

  III. Soy guatemalteca.

        A. Nací en un pueblo pequeño.

        B. Ahora vivo en una ciudad grande.

        C. Amo a mi país.

  IV. Soy estudiante universitaria.

        A. Ejemplo de un día típico

            1. Me levanto temprano.

            2. Asisto a mis clases.

            3. Estudio en la biblioteca.

        B. Estudio ingeniería civil.

   V. Para concluir —hay varias cosas que influyen mi identidad.

---

*Please note that this is a sample topic. There is no composition assignment to write about yourself in this way in *Diálogos*.

La composición

Luisa Hayek
Español 211Q
21 de abril de 2010
Composición 1
Número de palabras: 212

¿QUIÉN SOY YO?

Si pienso en la pregunta «¿Quién soy?», pienso en mi identidad como guatemalteca y como parte de una familia numerosa. Soy estudiante y paso mis días en la universidad. Yo me llamo Luisa.

Gran parte de mi identidad es mi papel como hermana e hija. Mi familia es grande y, por lo general, nos llevamos bien. Mis hermanos menores viven con mis padres todavía, pero los mayores están casados y tienen sus propios hijos. A pesar de eso, nos reunimos todos los domingos para comer después de asistir a la iglesia.

Nací en un pueblo pequeño de Guatemala hace 20 años, pero ahora vivo en una ciudad grande. Amo a mi país, pero también me encanta conocer a gente de otras culturas.

También soy estudiante. En un día típico me levanto a las seis de la mañana y paso el día en la universidad. Asisto a mis clases, estudio en la biblioteca y me reúno con amigos. Por la tarde, regreso a casa. Estudio ingeniería civil porque quiero mejorar la infraestructura de mi ciudad.

En fin, soy una mujer guatemalteca, estudiante, de familia grande con intereses diversos. Estos aspectos de mi identidad influyen en mis decisiones, mis interacciones con los demás y mis planes para el futuro.

Glosario

ESPAÑOL/INGLÉS

Notas:

- Las aproximaciones (no son ni definiciones ni traducciones) de este glosario intentan expresar los significados que se usan en los ejercicios y lecturas de *Diálogos*. La mayoría de estas palabras tiene otros posibles significados en otros contextos.
- Si son adjetivos, la forma femenina singular se da. Véase **G1.4** en la página 29 para formar la forma masculina y el plural.
- La forma infinitiva del verbo se da a menos que la forma usada en el libro sea muy distinta y difícil encontrar (véase «suele» por ejemplo).

A

a gusto content, comfortable

a lo largo de throughout

a pesar de in spite of

aborto miscarriage

abrir to open

acariciar to caress

acogedora cozy

acudir to turn to, to seek, to go to

afectuosa affectionate

afeitarse to shave

agradecer to be grateful

agregar to add

aguantar to tolerate

aislamiento isolation

ajada wilted

al día up-to-date

alegría happiness

alentar to encourage

alergia allergy

alimentar to feed

alimenticia relating to food, eating

alojamiento lodging, accommodations

alquilar to rent

altiplanos the highlands

amanecer (al amanecer) to dawn (at daybreak)

ambas both

ambiente environment

amplia spacious, roomy

analfabetismo illiteracy

anemia anemia

anfitrión host

animar to encourage

ansiosa anxious

anual yearly

aparición apparition, appearance

apenas scarcely

apetecer to be appetizing

aplastar to squash

apretada narrow

apretarse to tighten

apretón bear hug

   apretón de manos handshake

apuntar to make a note of

arder to burn

arpa harp

arreglar to arrange

arrodillarse to kneel

ascendencia ancestry

ascensor elevator

asombrada astonished

asombrar to amaze, to astonish

asquerosa filthy, disgusting

atraer to attract

atrasar to delay, to get behind

atravesar to go through

aurora dawn

auxilio help

averiguar to determine, to find out

B

bando camp, side

banqueta sidewalk

barrio latino neighborhood composed of people of Latin American origin

bastón walking stick

bienestar well-being

boleto ticket

brindar to offer, to propose a toast

bromear to joke

bronquitis bronchitis

bulla trouble, noise

burlarse to make fun of

C

cafetal coffee plantation

caída del sol sunset

caja box, casket

camino road, path, way

camposanto cemetery

capacitación training

capilla chapel

   capilla fúnebre funeral chapel

captar to capture, to grasp

caracol snail

cargar to carry, to bear

caricia caress

cariñosa affectionate

caritativa charitable

cartel poster

cerca fence

cerradura lock

cerro hill

chicana woman of Mexican descent living in the United States

ciega blind

cifra number, figure

cinturón belt

clavo nail

clínica de salud health clinic

cofradía religious fraternity, brotherhood

coger to gather, to take

colgar to hang

colocar to place

compartir to share

conocerse to meet each other

conocimiento knowledge

conseguir to get

consejo advice

constancia record, proof

construir to build

consultorio médico doctor's office

contar to tell

contenido contents

convencer to convince

copa drinking glass

cosmovisión world view

costumbre custom

crecer to grow up

creencia belief

creer to believe

criar to raise

cuadrada square

cuadro table, chart

cualquiera any

cuaresma Lent

cubrir to cover

cucuruchos hooded penitents

cuello neck

cuenta de ahorros savings account

culminante climax, high point

cumbre peak

cuya whose

D

darse cuenta to realize

de arriba abajo up and down, all around

de ladrillo of brick

de madera of wood

de vez en cuando from time to time

decir to say

dejar to leave

  dejar caer to drop, to release

demás other(s)

demostrar to show

dependiente salesclerk

desarrollo development

descansar to rest

descargar to unload

desconocida unknown, unfamiliar

desempeñar to carry out, to perform

desempleo unemployment

desgastarse to wear out

desplegar to unfold

detalle detail

detener to stop

  detenerse to stop (oneself)

diabetes diabetes

diariamente daily

dibujar to draw

dibujo drawing

dicho expression, saying

difunta dead (person)

digerir to digest

dirigirse to address, to speak to

disminuir to diminish

dispersar to disperse

disponible available

distar to distance oneself; to be far from

distribuir to distribute

dolor ache, pain

dormitorio bedroom

durar to last

E

echarle un vistazo to skim (as in a reading)

edificio building

efectuar to execute, to make

eficazmente efficiently

efusividad effusiveness

elegir to choose, to elect

elogiar to praise, to honor

embarazo pregnancy

embutido sausage

empacar to pack

empujar to push

encantar to be delightful

encargarse to see to, to deal with

encender to light, to turn on

encuentro encounter, meeting

endeudarse to go into debt

enfocar to focus

enfoque focus

enfrentarse to confront

ensayista essayist

enseguida immediately, right away

entierro burial

entradas income, deposits

entrenadora trainer

epilepsia epilepsy

erigir to build, to erect

escaleras stairs

escalones steps

escarlatina scarlet fever

esclava slave

escoger to choose

escolar (adj.) school

escribir to write

esparcir to spread

  esparcir(se) to scatter

esquema diagram, outline

estadounidense U.S. American, person from the United States

estatua statue

estrecha narrow, tight

etapa stage, phase

evitar to avoid

exterior outside

extrañar to miss

F

fallecer to die

faltar to be missing, to be lacking

feto fetus

fija fixed, set

finanza finance

finca farm

firma to sign

flaca skinny

folleto brochure

fondo background

frenillos braces (for teeth)
frialdad coldness
fuente source, fountain
fuerzas strength

G

ganancia profit, earnings
ganar to earn
ganga bargain
garganta throat
generar to generate
goma de mascar chewing gum
gozo joy
gripe flu
grito scream, shout
gruesa thick
guajolote turkey
guardar to hold, to keep
guerra war

H

habilidad ability
hacer to do, to make
hallarse to be, to find oneself
herida wound, injury
higo fig
hincharse to swell
hogar home
hoja sheet of paper, leaf
hueso pélvico pelvic bone
huir to flee

I

inclinarse to bow
indígena indigenous person
inevitable unavoidable
infección infection
infiel unfaithful
influir to influence
Inglaterra England
ingresar to be admitted (e.g., to the hospital)
ingreso income
inicio the beginning
interior inside
inscribir to enroll
instar to urge, to demand

intentar to try, to attempt
interesar to interest
inyección injection

J

jaqueca migraine
jardín yard, garden
juguete toy
juventud youth

L

lata can
leer to read
lentamente slowly
lentitud slowness
leña firewood
lima file, nail file
llavero key ring
llena full
lluvia de ideas brainstorm
lucir to appear, to seem
luto mourning
luz light

M

maleza weeds
mancha blemish, stain
mandado errand
manera way
manta cloak
mantener to maintain
maquillarse to put on makeup
marchitar to wither, to fade
mariposa butterfly
mascota pet
matrícula tuition or enrollment fees
matricular to enroll
matrimonio married couple
Maximón Mayan saint associated with Judas
mayoría majority
medicamento medication
mejilla cheek
mejoramiento improvement, betterment
meollo heart
mesera waitress
mestiza a person of mixed Spanish and indigenous blood

mezcla mix, blending
migraña migraine
minorizar to make less
misa mass
miseria misery
misericordia mercy
modista seamstress
molestar to bother
mononucleosis mononucleosis (mono)
morir to die
mudarse to move (e.g., from one residence to another)
mundialmente worldwide
musulmán Muslim

N

naipes playing cards
natal birth
negar to deny
nido nest

O

obispo bishop
odio hatred
ofrenda altar, offering (made for Day of the Dead)
oído ear
oír to hear
olmo elm tree
oratorio chapel
orfanato orphanage
orgullo pride
orilla edge, shore
orquídea orchid
oveja sheep

P

padecer to suffer
pájaro bird
paperas mumps
parecer to seem
parecida similar
pariente relative
pasillo hallway
paso a paso bit by bit
pasto grass
patrona patron saint

pavor fear
paz peace
pedagogía education, pedagogy
pedazos pieces
pelear to fight
pérdida loss
pereza laziness
pérfida traitor
período de luto period of mourning
peso weight
picar to snack, to pick at
pizarra blackboard
pobreza poverty
podrir to decompose, to decay, to rot
poner to put, to place
poseer to have, to possess
precedente precedent
precipitar to hurry, to throw
precisar to specify
premio prize, award
presentarse to introduce oneself
préstamo loan
prevalecer to prevail
promover to promote
propiedad property
propietario property owner
proporcionar to give, to distribute
propósito goal, purpose
prueba proof
pulmonía pneumonia
pulpo octopus

Q

quedar to fit
quehaceres chores
quemar to burn
querubín cherubim
quizás maybe, perhaps

R

racimos bunches (e.g., bananas)
rama branch
recado message
recámara bedroom
reconocimiento recognition

recorte cutting, clipping
recuperar to recover, to recuperate
recursos resources
reflejarse to reflect
regalar to give as a gift
regalo gift
rendir to profit, to yield
repartir to distribute
requerida required
requisito requirement
resaca hangover
respaldada backed, supported
resuelto *(from* **resolver)** resolved
resumir to summarize
revelar to reveal
rima rhyme
rociar to spray
romper to break
ruega *(from* **rogar)** to pray, to plead

S

sacerdote priest
sacristán lay leader in Catholic Church
sala de espera waiting room
saludarse to greet each other
sana healthy
sangre blood
sarampión measles
satisfacer to satisfy
segura *(adj.)* safe, secure, sure
seguridad security
seguro *(sust.)* insurance
sembrar to sow, to plant
semejanza similarity
señal sign
ser enfermiza to be sickly
sigilosa solicitous
siguiente following, next
sobresalto fright, startle
soledad solitude

solidaria solidarity
someter to subject, to undergo
sorprender to surprise
sostenimiento means of survival
suele *(from* **soler)** usually, tends to
suelo floor, sole (e.g., of a shoe)
suma sum, total
sufrimiento suffering
surgir to arise, to come up

T

tablero table or board for games (e.g., cards, chess)
tatuaje tattoo
tejer to weave
tejidos de lana de oveja weavings of sheep's wool
temprana young, early
terreno field, plot of land
tesoro treasure
torcida twisted
transitoria transitory, temporary
trasladarse to move
trastienda back room (of a shop)
tratamiento treatment
tratar to try

U

umbral door jam, threshold

V

vacía empty
vacunar to vaccinate
varicela chicken pox
vela candle
velorio wake, viewing
vestirse to get dressed
vibrar to vibrate
vigilar to keep an eye on, to watch
vinculada tied to, linked
vivienda dwelling, home
volver to return

Índice

Créditos

Text

Page 6: Derechos reservados 2004, La Palma publicación del Palm Beach Post.
Page 11: From *La Casa en Mango Street*. Copyright © 1984 by Sandra Cisneros.
Published by Vintage Español, a division of Random House Inc. Translation
copyright © 1994 by Elena Poniatowska. Reprinted by permission of Susan Bergholz
Literary Services, New York, New York, and Lamy, New Mexico. All rights reserved.
Page 34: Reprinted by permission of Paola Barrios García, Asociación Escuela de la Calle
(EDELAC). **Pages 40–41:** Humberto Ak'abal, poemas, «Siembra del viejo» y «La
Chona», del libro *Con los ojos después del mar*, Editorial Praxis, México, 2000.
Page 80: Columbia/Boone County Health Department. **Page 102:** Copyright © 1972
by Jorge Luis Borges, reprinted with permission of The Wylie Agency LLC. **Page 114:**
© Amnesty International Publications, 1 Easton Street, London, WC1X 0DW, United
Kingdom, www.amnesty.org. **Pages 125–127:** Xavier Serbia, "Sobrevive la Crisis
Económica", www.xavierserbia.com (Primavera, 2008). **Pages 133–134:** "Historia de las
apariciones de la Santísima Virgen de Guadalupe," en dibujos. Reprinted by permission
of Carlos Vigil Avalos, Obra Nacional de la Buena Prensa, A.C. **Page 143–144;**
"Bic Mac Analysis," reprinted by permission of Rami Schwartz.

Photo

Page 20: © Jim West/Alamy. **Page 34:** Courtesy EDELAC (Escuela de la Calle). **Page 40:**
Rino Bianchi Photographer. **Page 42:** Robert Fried/robertfriedphotography.com.
Page 61: © Dorling Kindersley. **Page 65:** Grant Wood, American, 1891–1942,
"American Gothic," 1930. Oil on beaver board. 30 11/16 x 25 11/16 in. (78 x 65.3 cm.)
unframed. Friends of American Art Collection, 1930.934. Reproduction, The Art
Institute of Chicago. Photography © The Art Institute of Chicago. **Page 65:** © 1939
SEPS: Licensed by Curtis Publishing, Indianpolis, IN, www.curtispublishing.com. All
rights reserved. Works by Norman Rockwell printed by permission of the Norman
Rockwell Family Agency. Copyright © 2007 the Norman Rockwell Family Entities.
Page 69: Frida Kahlo "Henry Ford Hospital". Fundacion Dolores Olmedo, Mexico City,
Mexico. © 2003 Banco de Mexico Diego Rivera & Frida Kahlo Museums Trust/Artists
Rights Society (ARS), NY. Av. Cinco de Mayo No. 2, Col. Centro, Del. Cuauhtemoc
06059, Mexico, D.F. Reproduction authorized by the Instituto Nacional de Bellas Artes
y Literatura. Schalkwijk/Art Resource, N.Y. **Page 97:** Pablo Picasso, "Guernica," 1937,
351 x 782 cm, © Reina Sofia Museum Madrid, © 2007 Estate of Pablo Picasso/Artists
Rights Society (ARS), N.Y. **Page 97:** Francisco de Goya (Spanish, 1746–1828), "The
Third of May, 1808", 1814–1815. Oil on canvas, approx. 8'8" x 11'3". Derechos
reservados © Museo Nacional Del Prado-Madrid. Photo Oronoz. **Page 103:** Amalia
Mesa-Bains, "An Ofrenda for Dolores del Rio," 1990–1993. Detail, Mixed media
installation, Collection of National Museum of American Art, Smithsonian Institution,
Washington, D.C. **Page 103:** Robert Fried/robertfriedphotography.com.
Page 129: Robert Fried/robertfriedphotography.com. **Page 134:** www.vistalatina.com.
Page 136: © Robert Frerck/Odyssey Productions. **Page 141:** © Sean Sprague/
The Image Works. **Page 143:** Robert Fried/robertfriedphotography.com.

- She offends you sometimes
  - ¿Ella te ofende a veces?
  - ¿Ella te ofende a veces?
  - ¿Ella te ofende a veces?
  - ¿Ella te ofende a veces?
  - ¿Ella te ofende a veces?

- Did you have a good time on your vacation?
  - ¿lo passan bien en sus vacaciones?
  - ¿Lo passan bien en sus vacaciones?
  - ¿Lo passan bien en sus vacaciones?
  - ¿Lo passan bien en sus vacaciones?
  - ¿Lo passan bien en sus vanacaciones?

- Why do you complain?
- ¿Por que te quejas?

¿le vas a contar tus planes?
are you going to tell your plans?

- Contar - tell
Contar me
Sabes - you know
Sabes - you know
Sabes - you know

answer = respuesta   respuesta
answer = respuesta   respuesta
answer = respuesta   respuesta
answer = respuesta   respuesta
answer = respuesta   respuesta
                      respuesta

Jelous = ~~celso~~   celos   Jealous = celos
Jealous = ~~celso~~   celos   Jealous = celos
Jealous = ~~celso~~   celos   Jealous = celos
Jealous = ~~celso~~   celos   Jealous = celos
                      celos   Jealous = celos
Jealous = celos   celos   Jealous = celor
Jealous = celos   celos
Jealous = celos   celos
                      celos

This = este   Sobre = about   Otros = other
This este   Sobre = about   Otros = other
                      Sobre = abaut   Otros = other
este = This   Sobre = about   Otros = othur
este = This   Sobre = about   Otros = other
este = This   Otros = other
este = This

Pregunta = question
Yo tango una pregunta

Cada = each   pregunta = question
Cada = each   pregunta = question
Cada = each   pregunta = question
Cada = each   pregunta = question
Cada = each   pregunta = question

estupendo - great   Encuentra - find
estupendo - great   Encuentra - find
estupendo - great   Encuentra - find
estupendo - great   Encuentra - find
estupendo - great   Encuentra - find